JN017415

フレッシュマンセミナー テキスト

【第3版】

大学新入生のための学び方ワークブック

初年次教育テキスト編集委員会 編

TDU 東京電機大学出版局

まえがき

新入生のみなさん，大学にようこそ！

新たに大学生となったみなさんは，これから大学という新しい学びの場でみなさん自身のさまざまな可能性を開花させていくことになります。

大学は，表面上，あまり高校と違わないように見えます。学校に行って，授業を受けて，クラブ活動をやって……。でも，たとえば，ホームルームがない，大体クラスがあるのかどうかよくわからない，友達によって時間割が違うところが結構ある……などなど，高校までの学校生活とはかなり違う面もあるのです。

こうした違いは，一体どこから出てくるのでしょうか。一言でいえば，大学は高校までと比べるとかなり自由である，ということからきます。たとえば，人によって時間割が異なるのは，ある一定の枠の中から自由に科目を選択することができるためです。

ところで，自由であることには，二つの大事な要素があります。一つは，自分で自分をコントロールしなければならない，したがって，そこには責任がともなうということです。もう一つは，自分から求めなければ人が手を貸してくれない，ということです。ですから，大学が自由な学びの場であるということは，みなさんが自分自身を知り，自分で自分を管理し，自分の能力を超えるところでは，自分から他人に対して助力を求めることが必要だ，ということを意味しています。もちろん，大学教員は，助けを求めてやってきたみなさんへの助力を惜しむことはありません。

このテキストは，みなさんが大学で自由に学び，良い友人関係を築き，また先生たちと良い師弟関係を結び，そしてすぐれた研究を進めていくための，つまり，自分自身の大きな可能性を最大限に実現するための，基礎力を伸ばす手助けをするためにつくられました。

このテキストに書かれていることは，自分自身で方法を模索するうえでの助言として受けとってもらいたい部分もあれば，守ってもらいたいあれこれの決まりごとについて書かれた部分もあります。また，高校までに学んだことの復習だと思う部分もあるでしょう。しかし，復習も，より遠くへ進んでいくために必要な基礎固めの作業です。いずれにしても，これから大学生活を送るうえで，最低限必要なことをまとめました。

それでは，はじめましょう！

本書の使い方

実際に手を動かして身につける必要があるポイントには「練習」を設けてあります。テキストの 🔲練習 とあるところでは，教員の指示に従って，巻末の対応する番号の練習問題に取り組んでください。レポート課題（3題）は，一番最後にまとめてあります。

改訂にあたって

■第2版にあたって

2009年に発刊した本書は，幸いにして，多くの方に使っていただくことができました。編者たちも授業で使っていくうちに，みなさんの多くがおちいりやすい「落とし穴」のようなものがあることにも気がつきました。

そこで，『フレッシュマンセミナーテキスト 第2版』では，データの更新だけではなく，そうした「落とし穴」に落ちないようにするための工夫を加えてみました。

具体的には，まず，第10章に第6節として，レポートを書く前に「発想」するためのシミュレーションを作成してみました。レポートの「テーマ」とレポートを書く「自分自身」とをどのように結びつけるか，その一例を示してみたつもりです。

次に，第11章では，みなさんが書いてしまいがちなレポート（というよりも感想文）と，大学（以上）で求められるレポート・論文のスタイルとを比較検討できるようにしてみました。高校までの「小論文」といわれているものと，大学（以上）でのレポート・論文とでは，その性質がかなり違います。一見大変そうに見えますが，ちょっとしたコツをつかめば，比較的簡単にこのギャップを乗り越えることができます。一度習得してしまえば，（社会に出てからも）一生使える方法です。今のうちに，身につけてしまいましょう。

最後に，本書を使ってくださるみなさんにお願いです。私たちは，この本をもっと良いものにしたいと考えています。そのためには，実際に使ってくださったみなさんの声がもっとも重要なアドバイスになります。気がついた点や，このように改善したらもっと使いやすくなるのではないか，などの提案がありましたら，ぜひ教えてください。もちろん，そのときには，アサーティブにお願いします（第5章参照）。

■第3版にあたって

第2版の改訂以後，私たちが暮らしている社会のあり方は大きく変わりました。特に，2020年以来，ほぼ3年間続いた「新型コロナウィルス」の影響によって，学びのスタイルにも大きな変化が生じたことは，みなさんも経験されたことでしょう。また，近年特に著しいAIの進化によって，AIにこれまで人間が行ってきた仕事が奪われるという話もあちこちで聞かれます。私たちは，大きな変動期にいるのかもしれません。

第3版では，こうした新しい学びの環境にも対応した修正を加えました。けれども，基本的なところや原理的な考え方には，特に大きな変更はありません。学び考えるという営みそれ自体は，今も昔も変わらないからです。

執筆者一同，本書が大学でのみなさんの学びに少しでも役立つことを祈念しております。

目　次

第Ⅱ部　大学生としての学びを始めよう

第Ⅲ部　レポート・論文を書く

■コラム

第I部
大学で学ぶための準備

第I部では，大学で有意義な学生生活を送るための準備として，自己管理の仕方と良好な人間関係の築き方について学びます。具体的には，どうすれば自分の時間を有効に使うことができるか，どうすれば自分の「からだ」と「こころ」の健康を維持することができるか，そしてどうすれば相手のことを配慮しつつ自分の思いを表現することができるか，といったことです。すでにわかっていることもあるかもしれませんが，基礎固めのつもりでしっかり学んでいきましょう。

1-1　このテキストの目的と内容（1）

■ 有意義な学生生活を送るために

このテキストは，新入生のみなさんができるだけ早く大学に慣れ，4年間の学生生活を有意義に送るための基礎を身につけることを目的としています。そのために，大学での学習を進めるうえで必要となる基礎的な知識や技能を身につけること，ならびに将来の自分の目標に向かって主体的に学んでいく姿勢を身につけること，これらを主な目標とします。

■ 自分の将来について考える

有意義な学生生活を送るためには，自分の将来について考えておくことが大事です。将来どのような職業に就いてどのような仕事をしたいか，そのためには大学時代にどのような学習をしておけばよいか，こうしたことがしっかりとわかっていれば，大学での学習を自分にとって有意義なものにすることができるでしょう。

しかし，すぐには自分のやりたいことが見つからない人もいるでしょう。それでも，焦ることはありません。大学時代というのは，自分自身を見つめ，自分は何をやりたいのかということをじっくりと考える期間でもあるからです。大事なのは，自分の将来について常に意識を持ち，考えるようにすることです。

■ 自己管理が大事

有意義な学生生活を送るうえで大事なことのもう一つは自己管理です。高校までと比べて，大学では自由な時間が多く，その時間をどう使うかは各自にまかされています。時間管理をうまく行い，自由な時間を有効に使って，学生生活を充実させましょう。

また，大学生は自由な生活ができる反面，自分で自分の健康を管理する責任を負うことになります。この「健康」には，「からだ」の健康のみならず，「こころ」の健康も含まれます。不規則な生活をしてからだの健康を害することのないよう，また，慣れない環境からくるストレスでこころの健康を害することのないよう，からだとこころの健康管理の仕方について学びます。

■ 良好な人間関係を保つために

大学にはさまざまな地域から多数の人が集まります。そこでは，育った環境も考え方も違う多様な人々と出会うことになります。これは，人間が成長するうえでとても良い環境ではありますが，場合によっては，他人とうまく意思疎通ができず，険悪な関係になってしまうことがあるかもしれません。そこで，相手に配慮しつつ自分を表現する方法について学びます。

●このテキストの目的と目標

■目的
早く大学に慣れる
有意義な学生生活を送るための基礎を身につける

■目標
大学生に必須の基礎的な知識・技能を身につける
将来の自分の目標に向かって主体的に学ぶ姿勢を身につける

●このテキストの内容

■自分の将来について考える
自分は何をしたいのか？　自分の将来に向けて，大学で何をすべきか？

■自己管理
時間管理
「からだ」と「こころ」の健康管理

■良好な人間関係
相手を配慮したうえでの自己表現

■聴く・読む・ノートを取る
講義の聴き方，本の読み方，ノートの取り方
事実と意見の区別，自分の意見を持つ

■調べる
講義や教科書から得られない情報を他のさまざまな情報源から収集する

■書く・考える
文章執筆上の約束事
説得力のあるレポートの書き方
論理的に考える

1-2 このテキストの目的と内容 (2)

◉ 聴く・読む・ノートを取る

　大学での学習方法の基本は，先生の話を聴いたり，教科書を読んだりして，ノートを取ることです。これは，高校までの学習方法と大きく変わることはありません。しかし，大学での学習は，授業や教科書で得た知識を理解し，記憶するということにとどまらず，そこで得た知識をもとに，自分の頭で考えるという主体的な学習が重視されます。

　そのためには，何が「確かな知識」で，何が先生や著者の「単なる意見」にすぎないのか，ということを意識することが大事です。意見が分かれているような問題については，自分でも考えてみて自分の意見を持つようにしましょう。このテキストでは，大学での学習に必要な「聴くこと」「読むこと」「ノートを取ること」に関するみなさんの能力をパワーアップするための訓練を行います。

◉ 調べる

　時間が限られている授業やスペースが限られている教科書では，学ぶ価値のある多くの事柄のごく一部が扱われているにすぎません。また，意見が分かれているような問題については，授業や教科書で主張されている意見とは異なった意見を知ることも大事です。したがって，大学生は自ら必要な情報を探し，主体的に学習を深めていく必要があります。大学生は，もはや先生に手取り足取り教えてもらう生徒ではありません。

　そこで必要になるのが，自分にとってわからないことや興味があることについて調べる能力です。このテキストでは，さまざまな手段を用いて自分に必要な情報を収集するための方法について学びます。

◉ 書く・考える

　学んだことは，レポートなど何らかの形で表現することで，よりしっかりと身につきます。また，学生が学んだことを先生が評価する手段として，レポートが利用されることもあります。

　そこで，大学生は頻繁にレポートを書くことが求められます。文章を書くのはどうも苦手だ，という人は少なくないと思いますが，大学ではこれを避けて通ることができません。きちんとしたレポートを書くことは，大学生として必須の能力なのです。

　きちんとしたレポートを書くためには，文章を書くうえでの約束事を守るとともに，読者を納得させるように議論を展開しなければなりません。そのためには，そのとおりに考えれば，誰もが納得せざるを得ないような仕方で考えること，すなわち論理的に考えることが求められます。このテキストでは，ステップを踏みつつ，きちんとしたレポートが書けるようにトレーニングを行います。

■ 課題：「将来の自分」について考える

　ガイダンスは以上で終わりですが，ここで一つの課題に取り組んでもらいます。

　その課題とは，「将来の自分の姿」について思い描き，そのような自分になるために必要な「大学時代の過ごし方」について考え，それらを文章に表現することです。

　このような文章を書くことは，大学での学習を始めるにあたっての心構えをつくるのに役立ちます。また，いまの時点で自分にどれだけの文章表現力があるかを記録することにもなります。

　人によっては，なかなか考えがまとまらなかったり，うまく文章に表現できなかったりするかもしれません。しかし，現時点ではそれでもかまいません。このテキストでは，大学での学習を進めるうえで必要となる心構えや基礎的な知識・技能を身につけてもらいます。このテキストを学び終える頃には，きっと自分の将来についてより明確にイメージすることができているでしょうし，また，よりよい文章が書けるようになっていることでしょう。

　それでは，巻末にある「練習1」の説明をよく読んで，課題に取り組んでください。

➡ 練習 1

▶▶ *Column*　シラバス

　みなさんは，おそらく入学時のオリエンテーションで，「シラバス（syllabus）」と呼ばれる資料の説明を受けたことと思います。シラバスとは，大学で開講される個々の授業科目の説明が書かれている文書で，かつては分厚い冊子として配付されたこともありますが，今日ではウェブで閲覧できるようになっている場合が多いようです。

　シラバスは大学での学習を進めるうえでとても重要なものです。それは，学期のはじめに選択科目を選ぶために使われるだけの参考資料というわけではありません。科目を選択する時点から成績を受け取る時点まで，学期を通して活用すべき資料です。

　そもそも「シラバス」とは何でしょうか。それは，「授業計画書」あるいは「学習支援計画書」などとも訳されているように，授業科目の計画書であり，学習の手引きです。そこには，学生が何のために，何を，どのように学習すればよいかが書かれています。具体的には，その科目の目的・目標・内容・教材・授業スケジュール・学習活動・課題・試験・成績評価方法などについて書かれています。それをもとに，学生は授業を受け，また授業時間外に予習・復習・宿題・試験準備などを行います。

　高校までは，生徒が先生の導くままに学習を進めればよかったため，このような計画書を示されることはあまりなかったかもしれません。しかし大学では，学生が主体的に学習を進めるということが前提となっているため，このような計画書があらかじめ提示されるのです。

　シラバスの役割をよく理解したうえで，大学での学習にシラバスを有効に活用していきましょう。

---

2 時間管理

2-1 大学生と時間管理

■ 大学生らしい学習

　大学では，高校までと比べて，授業のない時間が多くなります。しかし，授業がないからといって，「休み時間」だというわけではありません。それは，学生が自分の興味関心や必要に応じて自由に学習するための時間なのです。たとえば，大学生が自由時間に行う学習として，右ページに挙げたようなことが考えられます。授業に出て決められたことを学習するのではない自由時間の学習こそ，大学生らしい学習といえるのではないでしょうか。

■ 時間管理の必要

　そこで，充実した学生生活を送るためには，時間を有効に使うことが必要です。しかも，大学生は授業がない時間を自分で管理しなければなりません。したがって，時間を有効に使えるかどうかは，自分で自分の時間をうまく管理できるかどうかにかかっているといってもよいでしょう。

■ 自己診断テスト──自分の時間の使い方は？

　どうすれば時間管理がうまくできるかを考える前に，あなたが普段どのように時間を使っているか，その特徴を調べてみましょう。次の自己診断テストをやってみてください。

> 　右ページの各問に１～４のポイントで答えてください。
> 　　１：まったく当てはまらない
> 　　２：少し当てはまる
> 　　３：かなりよく当てはまる
> 　　４：非常によく当てはまる

　答えたら，各問のポイントを合計してください。合計点が多い人ほど，時間を有効に使うためにより多くの努力が必要です。25 点が中程度です。30 点以上の人は，かなりの努力が必要でしょう※。

※　この自己診断テストは，Robert S. Feldman, *P. O. W. E. R. Learning: Strategies for Success in College and Life,* 2nd ed., Boston: McGraw-Hill, 2003, p. 30 をもとに一部を改変して作成しました。

●大学生が自由時間に行う学習（例）

- 授業の予習・復習をする
- 宿題のレポートや作品を作成する
- 小テスト・中間試験・期末試験の準備をする
- オフィスアワーや学習サポートセンターを利用して，先生に質問する
- 興味を持ったことについて本やネットで調べる
- 興味を持ったことについて友だちと議論をし，理解を深める
- 図書館・博物館・美術館に行く
- セミナーやワークショップに参加する
- 資格を取るための勉強をする
- 就職試験の勉強をする

●時間管理の自己診断テスト

	まったく当てはまらない	少し当てはまる	かなりよく当てはまる	非常によく当てはまる
1. よく朝寝坊する	1	2	3	4
2. 授業によく遅刻する	1	2	3	4
3. 友だちと会う約束をよく忘れる	1	2	3	4
4. 何かをするとき，あまり時間を気にしない	1	2	3	4
5. 大切なものの提出締切日でもよく忘れる	1	2	3	4
6. 手帳やカレンダーなどに予定を書いていない	1	2	3	4
7. 予定を立てていても，そのとおりに実行できないことが多い	1	2	3	4
8. 宿題や試験準備はぎりぎりにならないとやらない	1	2	3	4
9. 一つのことを集中してやるのが苦手だ	1	2	3	4
10. 友だちの誘いをうまく断るのが苦手だ	1	2	3	4
合計				点

2-2　予定表の作り方（1）

◉ 時間管理の道具──予定表

　自己診断テストの結果はどうでしたか。それでは次に，どうすればうまく時間管理ができるかを考えてみましょう。

　時間管理をうまく行うためには，次のことを常に把握していることが必要です。

- いつまでに，何をしなければならないか
- その優先順位はどれくらいか
- それをするために，現在，どれだけの時間が残されているか
- すべての予定をできるだけうまくこなすためには，いま何をすべきか

　こうしたことを把握し，折に触れて確認するために，多くの人はさまざまな形の予定表を作っています。みなさんの中にも，すでに作っている人はいるでしょう。ここでは，月間予定表，週間予定表，ToDo リストの作り方を紹介しますので，参考にしてください※。

　予定表は，紙にマス目を書いて自作したり，市販の手帳にある各種予定表を利用したりすることもできますが，ここではパソコンやスマートフォンで使えるツールを利用して作る方法を紹介します（手帳については，13 ページのコラム参照）。

◉ 月間予定表

　大学の授業は，数か月間続く「学期」を単位に進められます。そこでまずは，学期の予定表を作ることから始めましょう。

　まず，自分がよく使う機器で使えるカレンダーツール（Google カレンダーや Outlook など）を選びます。使うツールに応じて，サービスに登録したり，アプリをインストールしたりする必要があります。それぞれのツールの使い方については，ネットで調べたり，大学の相談窓口で尋ねたりしてください。

　カレンダーツールは，予定をさまざまな単位で表示することができますが（それぞれの表示方法を「ビュー」と呼ぶことがあります），ここでは「月」のビューを選択して月間予定表を表示させます（右ページ参照）。

　この月間予定表に，すべての授業のレポート提出期限や試験日など，重要な予定を入力します。シラバスにそうした予定が書かれている場合は，すぐに予定表に入力しておきましょう。学期の途中で指示された場合は，その都度入力します。また個人的に重要な予定も入力しましょう。

　このような予定表を作ることで，今後どのようなことをしなければならないか，それまでにどれだけの時間が残されているか，いつ頃が忙しく，いつ頃は時間に余裕があるか，などということがわかります。学期の終わり頃にはレポートの提出や試験が集中するので，早くから準備を始めておく必要があることにも気づくはずです。学期の終わり頃にあわてて取りかかるようなことは避けたいものです。

※　ここで紹介した月間予定表，週間予定表，ToDo リストは，Robert S. Feldman, *P. O. W. E. R. Learning: Strategies for Success in College and Life,* 2nd ed., Boston: McGraw-Hill, 2003, pp. 35-41 を参考にしました。

●月間予定表に書くこと（例）

- 公的な行事の予定
- 重要な事務手続きの期間・締切
- レポートなどの提出期限
- 試験の予定
- 個人的に重要な予定

月 間 予 定 表（例）

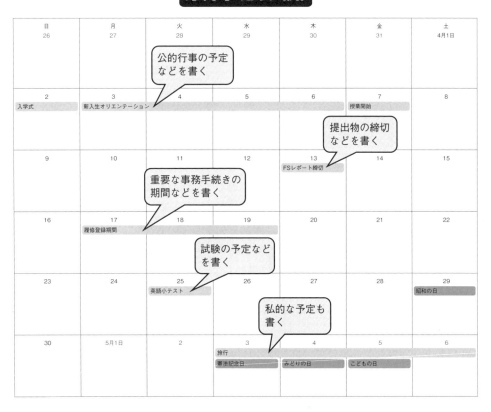

2-3 予定表の作り方（2）

◗ 週間予定表

　次に週間予定表を作ってみましょう。まず，カレンダーツールで「週」のビューを選択して，週の1日ごとに起床時から就寝時までの予定を表示できるような週間予定表を表示させます（右ページ参照）。

　そして，毎週繰り返される決まった予定を入力します。各曜日の授業やアルバイト，クラブ活動の時間などです。ほとんどのカレンダーツールには，毎週繰り返される予定をまとめて入力する機能がありますので活用してみてください。なお，月間予定表（「月」のビュー）で入力した予定は，週間予定表にも自動的に表示されるはずです。

　最後に，授業時間以外に学習すべき時間（自習時間）を確保していきます。シラバスに各回の予習・復習・宿題が書かれている場合は，それを参考にしてその学習に必要な時間を確保します。たとえば，ある授業の予習・復習に1時間必要なら，その時間を授業時間以外の空いた時間に確保します。また，ある科目のレポート作成に10時間必要なら，その時間を空いた時間に確保します。その際，学習のために確保したひと続きの学習時間があまり長くなりすぎないようにします。というのも，一つのことについて集中力が続く時間は限られているからです。しかし，逆に十分な時間を確保して一気に仕上げることが必要な場合には，その時間をまとめて確保するようにします。

◗ ToDo リスト

　最後に，1日ごとにすべき事柄を列挙したToDoリストを作ってみましょう（下図参照）。これは，常に持ち歩いて必要に応じて確認する必要があるので，手帳やスマートフォンのメモアプリなどに書くとよいでしょう。また，これは，予定の日の直前に，たとえば前日の夜に作るとよいでしょう。

　週間予定表を見ながら，その日に行うべき事柄を列挙していきます。そして，各項目に優先順位をつけます。必ずしなければならない事柄，できればしたほうがよい事柄，時間があればしたい事柄，など3段階くらいに分けるとよいでしょう。そして，その優先順位を1・2・3，A・B・C，◎・○・△などの記号で表します。

　ToDoリストはいつも持ち歩いて，自分は今日何をすべきなのかをときどき確認しましょう。そして，実行し終えた項目には，チェックマークをつけていきます。

ToDoリスト（例）

4月26日（水）

■大学

☑	(◎)	工業力学，授業
☑	(◎)	機械系入門，授業
☑	(○)	工業力学，復習
☐	(○)	機械系入門，復習
☐	(△)	英語，予習

■個人

☑	(◎)	アルバイト
☑	(○)	動画視聴
☑	(○)	たけしにメール
☐	(△)	部屋の掃除
☐	(　)	

週間予定表（例）

	日 23	月 24	火 25	水 26	木 27	金 28	土 29
			英語小テスト				昭和の日

物理実験 09:00〜12:00（月 24）

微積分 09:00〜10:30（火 25）
物理学 10:30〜12:00（火 25）

工業力学 09:00〜10:30（水 26）
工業力学復習 11:00〜12:00（水 26）

コンピューター基礎 09:00〜12:00（木 27）

線形代数 09:00〜10:30（金 28）
哲学 10:30〜12:00（金 28）

公立図書館で調査 10:00〜12:00（土 29）

トリムスポーツ 14:00〜17:00（月 24）

英語予習 14:00〜15:00（火 25）
英語 15:30〜17:00（火 25）
フレッシュマンセミナー 17:00〜18:30（火 25）

機械系入門 14:00〜15:30（水 26）
アルバイト 16:30〜18:30（水 26）

ワークショップ 14:00〜17:00（木 27）
線形予習 17:30〜18:30（木 27）

英語 14:00〜15:30（金 28）
微積分 15:30〜17:00（金 28）
哲学復習 17:30〜18:30（金 28）

微積分予習 17:30〜18:30（日 23）

物理学予習 20:00〜21:00（日 23）
FS宿題 20:00〜21:00（月 24）
機械系復習 20:00〜21:00（火 25）
英語予習 20:00〜21:00（水 26）
微積分復習 20:00〜21:00（木 27）

授業の予定を書く

学外での学習の予定を書く

アルバイトの予定も書く

予習・復習の予定を書く

時刻：08:00 09:00 10:00 11:00 12:00 13:00 14:00 15:00 16:00 17:00 18:00 19:00 20:00 21:00 22:00 23:00

11

2-4 時間管理のコツ

◼ 無理な計画は立てない

　計画を立てることに慣れていないと，ある課題をこなすのに必要な時間を少なめに見積もってしまい，時間が足りなくなることがあります。計画どおりに進まないことが何度も続くと，挫折感ばかりが残り，やがて計画を立てること自体を無意味に感じてしまうでしょう。そうならないためにも，余裕のある計画を立てましょう。予備の時間を設けるのもいいかもしれません。

◼ 大きな課題は小さな課題に分割する

　達成するのが大変な課題は，それを考えるだけでも気が重くなり，なかなか手がつかないものです。そのようなときは，大きな課題をいくつかの小さな課題に分け，少しずつ進められるようにしましょう。たとえば，2冊の本を読んで10ページ以上のレポートを書かなければならないような課題が出たとします。これを一気に終わらせることは不可能です。このような大きな課題は，

- 1冊目の本を30ページ読む／次の30ページを読む／……
- 2冊目の本を30ページ読む／次の30ページを読む／……
- レポートの論点を決める
- 目次を決める
- 第1節を執筆する／第2節を執筆する／……
- 文章を推敲する

などといくつもの小さな課題に分け，それぞれをいつまでに終わらせるかという計画を立てるとよいでしょう。

◼ 優先順位を常に考える

　限られた時間を最も有効に使う秘訣は，自分がしなければならないさまざまな事柄にきちんと優先順位をつけ，時間や気力・体力に余裕がない場合は，優先順位の低い事柄を潔く諦めることです。あれもこれもと欲張ってしまうと，結局どれも中途半端になってしまい，自分にとって最も大切な事柄が疎かになってしまいます。

◼ 自分に「ご褒美」をあげる

　計画には，自分にとってうれしいことも入れておきましょう。たとえば，「定期試験が終わったら，○○に遊びに行く」とか，「レポートを無事提出したら，前から欲しかった△△を買う」などです。これは，頑張って計画を実行した自分への「ご褒美」です。そのような楽しいことがあると，計画を実行していくのにも張り合いが出るものです。

●**時間管理のコツ**

• 無理な計画は立てない
• 大きな課題は小さな課題に分割する
• 優先順位を常に考える
• 自分に「ご褒美」をあげる

▐▐▶ Column　手帳

　かつては，時間管理をするためのツールといえば「手帳」でした。大人になり，複雑な人間関係の中で生きるようになると，さまざまな人と多くの約束をすることになります。期日までにすべきことも多くなります。そのためのスケジュール管理や時間管理をするために，多くの人は手帳を使っていました。

　今日では，パソコンやスマートフォンのカレンダーツールを使って時間管理をする人が増えています。特に，各自の予定や仕事の進捗状況を共有してチームで仕事を進めているような職場では，オンラインで予定を共有できるカレンダーツールの使用が必須になっている場合もあるでしょう。学生のときからカレンダーツールになじんでおくのもよいことです。

　しかし，書店や文具店などでは，今でも多くの種類の手帳を売っています。手帳の愛用者はたくさんいるのです。なぜなら，手帳には手帳の良さがあるからです。電子機器は多機能であるため，カレンダーツールを起動し，予定を確認したり，入力したりするまでに手間と時間がかかります。それに対して手帳なら，すぐに予定を確認でき，すぐに予定を書き込めます。昔から手帳を使っている人にとって，この手軽さは捨てがたいものです。

　大学生になったみなさんは，これから時間管理ツールなしには過ごせない生活に入ります。いろいろなツールを試してみて，早く自分に合ったツールを見つけ，うまく時間管理ができるようになってほしいと思います。

3 健康管理

3-1 学生生活と適正飲酒

■ 学生生活と健康管理

　大学生になると生活の自由度が増えるため，高校生のときよりも解放的な気分になる人も多いことでしょう。そのため，入学後しばらくすると生活リズムや食生活が乱れて健康度が低下し，学業に悪影響がでる人も見受けられます。大学生として充実した生活を過ごしていくためには，社会人と同様に自分の健康は自分で管理することが大切です。この章では，大学生活を通じて主体的に健康管理していくためのポイントについて解説します。

■ 20歳未満の飲酒は違法です

　大学生になると，部活動や自治会などの学生同士の集まりでアルコール飲料がテーブルに並ぶことがあります。これは上級生の多くが20歳以上であるためです。たとえそのような場面でも，20歳未満の飲酒は，**20歳未満の者の飲酒の禁止に関する法律**によって禁じられているため，20歳未満の学生は，当然のことながら飲酒してはいけません。自分が上級生になって，新入生歓迎会や部活動の打ち上げなどを企画する場合には，この点を十分に配慮しなければなりません。

■ 急性アルコール中毒による死亡事故

　法律上飲酒できる年齢に達したとしても，飲酒を開始するのであれば，事前に飲酒の危険性をよく認識する必要があります。2014年から2018年8月末までの5年間に，イッキ飲みやその強要などによって大学生を含む若者の死亡事故が12件発生しています[1]。酒席は，社会的交流を促し心身をリラックスさせる働きがあります。しかしその反面，飲酒には取り返しのつかない不幸な出来事を引き起こすリスクもはらんでいます。

　飲酒量の増加に伴い脳はアルコールの麻酔作用により徐々に麻痺していきます（右ページ上図）。これが酔いの正体であり，大量の飲酒は死を招きます。血中アルコール濃度が0.40％を超えるとおおむね致死量に相当します。以下の式を用いて自分のアルコール致死量（空腹時30分以内に飲酒した場合）を概算してみましょう。

$$血中アルコール濃度 = \frac{アルコール摂取量〔g〕}{体水分量（\fallingdotseq 体重〔g〕\times 2/3）} \times 100$$

　　例：体重60 kg（体水分量40,000 g）の人が日本酒1合（アルコール濃度15％）を飲んだ場合
　　　　アルコール摂取量（例）：180 ml × 0.15 × 0.8[2]（= 21.6 g）÷ 40,000 × 100 = 0.054％

■ アルコールハラスメントのない楽しい交流をしよう！

　上級学年になり法律上飲酒できる年齢に達したとしても，アルコールハラスメント（飲酒に関する嫌がらせ）について十分な配慮が必要です。右ページ下表のチェックリストに回答し（答えられる項目のみ），自分のアルハラ度を確認してみましょう。

※1　特定非営利活動法人ASK「急性アルコール中毒等による大学生の死亡事例（2001〜）」
　　　https://www.ask.or.jp/article/10336
※2　エチルアルコールの比重。

●アルコール摂取量と酔いの状態

	血中濃度（%）	酒量	酔いの状態	脳への影響	
爽快期	0.02〜0.04	ビール中びん（〜1本） 日本酒（〜1合） ウイスキー・シングル（〜2杯）	さわやかな気分になる 皮膚が赤くなる 陽気になる 判断力が少しにぶる	軽い酩酊	網様体が麻痺すると，理性をつかさどる大脳皮質の活動が低下し，抑えられていた大脳辺縁系（本能や感情をつかさどる）の活動が活発になる。
ほろ酔い期	0.05〜0.10	ビール中びん（1〜2本） 日本酒（1〜2合） ウイスキー・シングル（3杯）	ほろ酔い気分になる 手の動きが活発になる 抑制がとれる（理性が失われる） 体温が上がる 脈が速くなる		
酩酊初期	0.11〜0.15	ビール中びん（3本） 日本酒（3合） ウイスキー・ダブル（3杯）	気が大きくなる 大声でがなりたてる 怒りっぽくなる 立てばふらつく		
酩酊期	0.16〜0.30	ビール中びん（4〜6本） 日本酒（4〜6合） ウイスキー・ダブル（5杯）	千鳥足になる 何度も同じことをしゃべる 呼吸が速くなる 吐き気・おう吐がおこる	強い酩酊	小脳まで麻痺が広がると，運動失調（千鳥足）状態になる。
泥酔期	0.31〜0.40	ビール中びん（7〜10本） 日本酒（7合〜1升） ウイスキー・ボトル（1本）	まともに立てない 意識がはっきりしない 言語がめちゃめちゃになる	麻痺	海馬（記憶の中枢）が麻痺すると，今やっていること，起きていることを記憶できない（ブラックアウト）状態になる。
昏睡期	0.41〜0.50	ビール中びん（10本超） 日本酒（1升超） ウイスキー・ボトル（1本超）	ゆり動かしても起きない 大小便はたれ流しになる 呼吸はゆっくりと深い 死亡	死	麻痺が脳全体に広がると，呼吸中枢（延髄）も危ない状態となり，死にいたる。

（出典：(公財)アルコール健康医学協会, https://www.arukenkyo.or.jp/health/base/index.html）

●アルコールハラスメントのセルフチェック

☐ 1）練習すればアルコールは強くなれると思う。
☐ 2）吐く人のための袋・バケツ・つぶれ部屋を用意している。
☐ 3）先輩から注がれたら，断っちゃいけない。
☐ 4）みんなで酔っぱらってこそ仲間との一体感が生まれる。
☐ 5）飲み会はちょっとぐらい無茶しないと，楽しくならない。
☐ 6）ソフトドリンクを飲むなんて，ありえない。
☐ 7）酔ってるんなら，多少の暴力や暴言はしょうがない。
☐ 8）女だったら，お酌をするのが当たり前だ。
☐ 9）20 歳未満でも，少しぐらいなら飲ませたって平気だ。
☐ 10）場を盛り上げるイッキコールを 3 つ以上知っている。
☐ 11）体質的に飲めない人なんて，いるわけない。
☐ 12）男だったら飲めないとかっこわるい。

（出典：特定非営利活動法人 ASK, https://www.ask.or.jp/article/530）

※ チェック数が増えるほど，アルハラ度は上昇します。一つでもあてはまったら，あなたは気づかぬうちにアルハラしている可能性があります。

3-2 喫煙しないようにしよう！

■ 喫煙の有害性と喫煙マナー

　新入生のみなさんの多くは非喫煙者です。しかしその一方で，中学生や高校生のときから喫煙習慣があり，大学入学時にはすでにニコチン依存の状態になっている人も見受けられます。当然のことながら，現在 20 歳未満の学生で喫煙している人は，**20 歳未満の者の喫煙の禁止に関する法律**に違反しているため，直ちに喫煙をやめなければなりません。20 歳未満の人の喫煙が禁止される理由は，20 歳未満の人に対する喫煙の有害性がそれ以上の年齢群よりも強いためです。

　年齢に限らず，喫煙が肺ガンや心疾患などの重大疾病の要因になることは広く知られています。また，その有害性は，喫煙者本人だけでなく，喫煙者の周囲の人々にも及びます（受動喫煙）。そのため，我が国では健康増進法（平成 14 年制定）第 25 条において，公共施設の管理者に対して受動喫煙防止措置を講ずる努力義務が課せられました。その後，日本政府は「たばこの規制に関する世界保健機関枠組条約」（平成 17 年発効）を批准し，喫煙を抑制する国際社会の一員となっています。

　このように国内外で喫煙は抑制されつつありますが，現在の日本では喫煙するか否かの選択は，個人の判断に委ねられています。受動喫煙も含め喫煙の有害性は科学的に確認されています。したがって，20 歳以上であっても**喫煙しないこと**が賢明であることは言うまでもありません。

　もしも喫煙するのであれば，非喫煙者に害が及ばないように指定された場所以外ではたばこは吸わないようにする必要があります。健康増進法の制定以降，都市部を中心に，路上，レストランや駅などの公共の空間では分煙・禁煙化が進んでいます。喫煙者と非喫煙者が日々共に学生生活を送る大学のキャンパスも例外ではありません。大学敷地内は原則禁煙ですが，屋外に喫煙所を設置して対応している場合もあります。同じ空間で生活する者として互いに不快な思いをしないように，喫煙する場合にはマナーとルールを守る必要があります。

■ 禁煙のすすめ

　現在，あなたが喫煙者であるならば，できるだけ禁煙にトライしてみましょう。禁煙は 1 回の挑戦で成功するとは限りません。禁煙を成功に導くには何度も失敗を重ね，根気よくトライし続ける必要があります。たとえ喫煙者であっても禁煙に成功すれば健康への害はかなり軽減されます。そして，当然タバコの購入費用は不要となり経済的余裕が生まれます。このほかにも自分にとっての禁煙のメリットをよく考え，思い切って実行に移してみてください。ニコチン依存の程度が強いために個人ではなかなか禁煙できないこともあります。その場合には，病院へ行き禁煙の専門医の指導・管理のもとで禁煙に挑戦すべきです。なぜなら，喫煙習慣はニコチン依存という病なのですから。

●こんなに違う非喫煙者と喫煙者の肺の汚れ具合

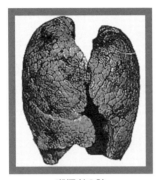

喫煙者の肺

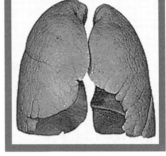

非喫煙者の肺

（出典：（公財）健康・体力づくり事業財団ウェブページ『最新たばこ情報』
https://www.health-net.or.jp/tobacco/kinnen/kinen01.html）

●喫煙によって高まる疾病発生リスク

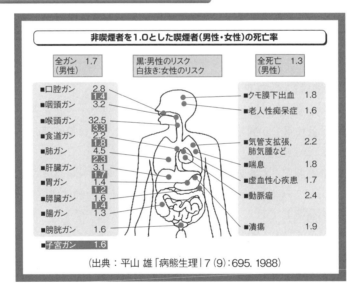

（出典：平山 雄「病態生理」7（9）：695. 1988）

●喫煙しないメリット

（1）タバコの購入代金がかからない→お金が貯まる
（2）喫煙による疾病発生リスクが喫煙者に比べて低い
（3）火災を起こすリスクが少ない
（4）喫煙場所を探す必要がない
（5）喫煙欲求を抑える必要がない

3-3 食生活に気をつけよう！

◉ 大学生と食生活

　大学生になり一人暮らしを始めると食生活が乱れがちになる傾向があります。なかには，インスタント食品や菓子パンで食事を済ませたり欠食したりする人もいるようです。有意義な学生生活を送るためには，言うまでもなく，質・量ともに栄養の過不足が生じないように留意することが大切です。食事バランスガイド（農林水産省，https://www.maff.go.jp/j/syokuiku/zissen_navi/balance）を用いて，自分の食生活を振り返り，課題に気づいたら改善してみましょう。

◉ 朝食を欠かさずに食べていますか？

　厚生労働省の令和元年国民健康・栄養調査によると20歳代の朝食を食べない人の割合は，男性では27.9％，女性では18.1％です。このように近年，大学生を含めた若年成人層の朝食の欠食率[1,2]は，高い傾向にあり，健康・生活面への悪影響が心配されています。

　朝食には健康上重要な意味があります。まず，朝食を食べると，体温が上昇し身体的な準備ができます。また，脳に糖分を供給し，午前中の集中力維持に役立ちます。そして，排便を促す効果もあります。さらには，朝食を欠食すると，1日の食事総量が減少するため栄養バランスを保ちにくくなり，疲労しやすくなることもあります。

　このように，朝食は充実した学生生活の基本要件です。朝食を食べないことがある人は，このことをよく理解して，朝食の充実から食生活の工夫・改善に取り組んでみましょう。

◉ あなたのBMIの値はいくつですか？

　BMIは，体重〔kg〕÷身長〔m〕^{2}で計算される体格を表す指標です。判定表（右ページ下表）から「普通体重」「肥満」「低体重」が判定されます。この値は自分の**体重管理のための目安**として用いることができます。

　BMIによって「肥満」と判定された人は，減食と身体活動量の増大を自分の生活の中でどのように実践できるのか，工夫してみましょう。特に男性は成人以降，加齢に伴い太る傾向があるため，男子学生は今のうちから留意しておくとよいでしょう。一方，女子学生は，むしろ「低体重」（やせ過ぎ）に対する注意が必要です。20～29歳の低体重者は20.7％（令和元年国民健康・栄養調査）と多い状況にあります。やせ志向による無理な減量を行うと，免疫力や骨量の低下，月経不順などのさまざまな健康障害を引き起こします。女性には男性よりも生理的に多くの体脂肪が必要です。この点を認識して不必要な減量や無理な減量はしないように留意しましょう。

※1　朝食の欠食率：調査を実施した日（特定の1日）における朝食を欠食した者の割合。
※2　「欠食」とは，下記の3つの合計である。
　　①食事をしなかった場合，②錠剤などによる栄養素の補給，栄養ドリンクのみの場合，③菓子，果物，乳製品，嗜好飲料などの食品のみを食べた場合

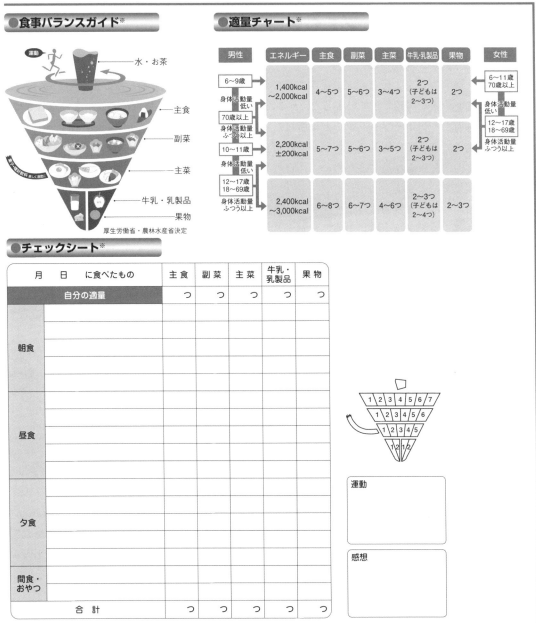

●食事バランスガイド※

運動
水・お茶
主食
副菜
主菜
牛乳・乳製品
果物

厚生労働省・農林水産省決定

●適量チャート※

男性	エネルギー	主食	副菜	主菜	牛乳・乳製品	果物	女性
6〜9歳／身体活動量低い／70歳以上	1,400kcal〜2,000kcal	4〜5つ	5〜6つ	3〜4つ	2つ（子どもは2〜3つ）	2つ	6〜11歳70歳以上／身体活動量低い
70歳以上／身体活動量ふつう以上／10〜11歳／身体活動量低い	2,200kcal±200kcal	5〜7つ	5〜6つ	3〜5つ	2つ（子どもは2〜3つ）	2つ	12〜17歳18〜69歳／身体活動量ふつう以上
12〜17歳18〜69歳／身体活動量ふつう以上	2,400kcal〜3,000kcal	6〜8つ	6〜7つ	4〜6つ	2〜3つ（子どもは2〜4つ）	2〜3つ	

●チェックシート※

月　　日　　に食べたもの	主食	副菜	主菜	牛乳・乳製品	果物
自分の適量	つ	つ	つ	つ	つ
朝食					
昼食					
夕食					
間食・おやつ					
合　計	つ	つ	つ	つ	つ

運動

感想

※出典：農林水産省「食事バランスガイド早分かり」https://www.maff.go.jp/j/syokuiku/zissen_navi/balance

●BMI

BMIによる体格評価基準（日本肥満学会編『肥満症診断ガイドライン2022』ライフサイエンス出版，2022年）

判定	BMI	判定	BMI
低体重	18.5未満	肥満（2度）	30以上35未満
普通体重	18.5以上25未満	肥満（3度）	35以上40未満
肥満（1度）	25以上30未満	肥満（4度）	40以上

3-4 運動・スポーツする習慣をつけよう！

🌑 大学生と運動・スポーツ

　高校では，体育授業が十分な頻度で提供されています。そのため，運動することを心がけなくても一定の体力レベルを維持できていました。ところが，大学生になると，体育授業は少なくなります。そのため，体育会やスポーツクラブなどに所属して運動しなければ，身体活動量は一気に減少します。たとえ若者であっても運動不足状態が続けば，体力は確実に低下します。ですから，大学生になったら，体力・健康を増進するために，体育授業も含めて積極的に運動の機会を生活に取り入れる工夫が必要です。

　大学生の若い時期に習慣的に運動・スポーツを継続すると，体力の保持・増進とともに筋肉や骨などの身体諸器官を効果的に増強することができます。この「体格づくり」という側面はあまり重視されないようですが，可塑性の高い若年成人期に運動・スポーツを行うことは，将来的な健康の基盤となる生理機能を高めるという重要な意味があります。また，運動・スポーツ活動を通じて精神的健康の維持やコミュニケーション能力の育成など，身体面以外に対する効果も期待されています。そして，若い時期から運動習慣を継続すれば，将来的には，生活習慣病リスクを軽減する効果をもたらします。

　健康・体力維持を目的とした場合の留意点として，運動頻度は週に 2 ～ 5 日（回）程度，運動のタイプは全身持久力と筋力を高めるものをバランス良く取り入れる，そして運動強度は自分の体力の 6 ～ 7 割程度，1 回の運動時間はおおむね 10 ～ 60 分として，疲労が残らない内容を設定することがおおまかな目安といえるでしょう。

🌑 健康づくりのための身体活動

　厚生労働省は，「健康づくりのための身体活動・運動ガイド 2023」というガイドラインを令和 5 年 11 月に策定し，国民の活動的なライフスタイルづくりを推奨しています。厚生労働省のウェブページ（https://www.mhlw.go.jp/stf/seisakunitsuite/bunya/kenkou_iryou/kenkou_undou/index.html）を参照して，自分の 1 週間の身体活動量（メッツ・時 / 週）がどの程度になるのか，自己評価してみましょう。そして，推奨される身体活動量を確保するために，日常生活の中でどのような工夫ができるのかを考え，実践してみましょう。

■「身体活動」とは？

　ガイドラインにおける「身体活動」とは，安静状態よりも多くのエネルギーを消費するすべての動きのことです。それは，日常生活における労働，家事，通勤・通学などの「生活活動」と，スポーツなど，特に体力の維持・向上を目的として計画的・意図的に実施し，継続性のある「運動」が含まれます。

■「身体活動」の強さと身体活動量

　「身体活動」の強さは，安静時の何倍に相当するかを表す単位「メッツ（METs）」で表します。座って安静にしている状態が 1 メットとなります。普通歩行がおおむね 3 メッツに相当します。したがって，20 分間普通歩行した場合の身体活動量は，1 メッツ・時（＝ 3 メッツ× 1/3 時間）となります。

■ 1週間の身体活動量の推奨目標【成人】

　3メッツ以上の身体活動を1日60分以上行い，週に「23メッツ・時」の身体活動量になるような活動的な生活を目標とします。そしてその中に，息が弾み汗をかく程度（3メッツ以上）の運動を「4メッツ・時」以上実施し，そこに週2～3日の筋力トレーニングを含むことが推奨されています。

● 健康づくりのための身体活動・運動ガイド2023

全体の方向性	個人差を踏まえ，強度や量を調整し，可能なものから取り組む 今よりも少しでも多く身体を動かす

対象者※1	身体活動		座位行動
高齢者	歩行又はそれと同等以上の （3メッツ以上の強度の） 身体活動を**1日40分以上** （1日約**6,000歩以上**） （＝週15メッツ・時以上）	**運動** 有酸素運動・筋力トレーニング・バランス運動・柔軟運動など多要素な運動を週3日以上 【筋力トレーニング※2を週2～3日】	座りっぱなしの時間が長くなりすぎないように注意する （立位困難な人も，じっとしている時間が長くなりすぎないように，少しでも身体を動かす）
成人	歩行又はそれと同等以上の （3メッツ以上の強度の） 身体活動を**1日60分以上** （1日約**8,000歩以上**） （＝週23メッツ・時以上）	**運動** 息が弾み汗をかく程度以上の （3メッツ以上の強度の） 運動を週60分以上 （＝週4メッツ・時以上） 【筋力トレーニングを週2～3日】	
こども （※身体を動かす時間が少ないこどもが対象）	（参考） ・中強度以上（3メッツ以上）の身体活動（主に有酸素性身体活動）を1日60分以上行う ・高強度の有酸素性身体活動や筋肉・骨を強化する身体活動を週3日以上行う ・身体を動かす時間の長短にかかわらず，座りっぱなしの時間を減らす。特に余暇のスクリーンタイム※3を減らす。		

※1　生活習慣，生活様式，環境要因等の影響により，身体の状況等の個人差が大きいことから，「高齢者」「成人」「こども」について特定の年齢で区切ることは適当でなく，個人の状況に応じて取組を行うことが重要であると考えられる。
※2　負荷をかけて筋力を向上させるための運動。筋トレマシンやダンベルなどを使用するウエイトトレーニングだけでなく，自重で行う腕立て伏せやスクワットなどの運動も含まれる。
※3　テレビやDVDを観ることや，テレビゲーム，スマートフォンの利用など，スクリーンの前で過ごす時間のこと。

（出典：健康づくりのための身体活動基準・指針の改訂に関する検討会「健康づくりのための身体活動・運動ガイド2023」https://www.mhlw.go.jp/content/001194020.pdf）

● 3メッツ以上の強度の運動の例（一部抜粋）

メッツ	3メッツ以上の運動の例
3.0	ボウリング，バレーボール，社交ダンス（ワルツ，サンバ，タンゴ），ピラティス，太極拳
4.0	卓球，パワーヨガ，ラジオ体操第1
5.0	かなり速歩（平地，速く=107 m/分），野球，ソフトボール，サーフィン，バレエ（モダン，ジャズ）
6.0	ゆっくりとしたジョギング，ウェイトトレーニング（高強度，パワーリフティング，ボディビル），バスケットボール，水泳（のんびり泳ぐ）
7.0	ジョギング，サッカー，スキー，スケート，ハンドボール（試合の場合）
8.0	サイクリング（約20 km/時）
9.0	ランニング(139 m/分)
10.0	水泳（クロール，速い，69 m/分）
11.0	ランニング（188 m/分），自転車エルゴメーター（161～200ワット）

（出典：健康づくりのための身体活動基準・指針の改訂に関する検討会「健康づくりのための身体活動・運動ガイド2023」（https://www.mhlw.go.jp/content/001194020.pdf）より一部抜粋）

3-5 生活リズムの維持と快適な睡眠

■ 大学生と生活リズム

　多くの高校では1時限目の開始時刻は毎日同じです。しかし，大学生になると，曜日によって最初の講義開始時刻は不規則になることがあります。また，選択科目や必修科目の違いによって大学の時間割は人によって違うこともよくあります。そのため，大学生になると，午前中に講義がない日の前日には深夜までレポートを作成していたり夜間にアルバイトを入れたりして，生活リズムが乱れがちになる傾向があります。大学生には，生活時間をある程度自己決定できるところに高校生とは違う自由度があります。しかし，ともすると夜型生活が定着してしまい，生活時間の管理に失敗して学業成績が低下してしまうケースも珍しくありません。

　定期的に右ページの「アテネ不眠尺度」を用いて，睡眠状況を把握してみましょう！

【結果】
- 合計得点が4点未満の場合：睡眠障害の心配は不要。
- 合計得点が4～5点の場合：不眠症の疑いが少しあり ⇒ できれば医師に相談を。
- 合計得点が6点以上の場合：不眠症の疑いがあり ⇒ 医師に相談することをおすすめする。

■ 「睡眠障害対処12の指針」を参考に生活リズムを維持・改善しよう！

　比較的軽度のリズム障害であれば，右ページの「睡眠障害対処12の指針」を参考にして対処します。起床時刻を一定にして朝日を浴びる（指針5），運動をする（指針6），あるいは寝る前に40℃前後のぬるめのお風呂に入る（指針2）などを実行することで規則的な睡眠・覚醒リズムが回復し，快適な睡眠が得られるようになるでしょう。しかし，自分自身による，生活上の工夫や努力で改善しない場合には，睡眠障害外来に出向き，専門医の診断・治療を受けましょう（指針9, 10, 12）。

■ 起床時刻を一定にしよう！

　大学の始業時刻が不規則でも，平日はこれに影響されない一定の起床リズムを常に保ち，休日も同時刻に起床しましょう。また，できるだけ登校時間を一定にすることも生活の規則性の維持に役立ちます（指針4）。

■ 睡眠・覚醒リズムが乱れにくい生活スタイルを体得しよう！

　睡眠・覚醒リズムは，起床時刻だけでなく食事時間の規則性や運動・スポーツ習慣によって影響を受けます。ですから，決まった時間帯に食事をすることや運動・スポーツを行うことなどにも心がけて睡眠・覚醒リズムを維持・調整する方法を自分なりに身につけましょう（指針6）。

※　参考となるウェブページ：e-ヘルスネット，https://www.e-healthnet.mhlw.go.jp/

●**アテネ不眠尺度**（過去１ヵ月間に，少なくとも週に３回以上経験したものにあてはまる項目をチェック）

Q1　寝つきは？（布団に入ってから眠るまで要する時間）	Q5　全体的な睡眠の質は？
0点　寝つきはよい 1点　少し時間がかかった 2点　かなり時間がかかった 3点　非常に時間がかかった or まったく眠れなかった	0点　満足している 1点　少し不満 2点　かなり不満 3点　非常に不満 or まったく眠れなかった
Q2　夜中に途中で目が覚めることは？	Q6　日中の気分は？
0点　問題になるほどではなかった 1点　少し困ることがあった 2点　かなり困っている 3点　深刻 or まったく眠れなかった	0点　いつも通り 1点　少し滅入った 2点　かなり滅入った 3点　非常に滅入った
Q3　起きたい時間より早く目覚め，それ以上眠れなかったか？	Q7　日中の活動について
0点　そんなことはなかった 1点　少し早かった 2点　かなり早かった 3点　とても早かった or まったく眠れなかった	0点　いつも通り 1点　少し低下 2点　かなり低下 3点　非常に低下
Q4　総睡眠時間は？	Q8　日中の眠気について
0点　十分である 1点　少し足りない 2点　かなり足りない 3点　まったく足りない or まったく眠れなかった	0点　まったくない 1点　少しある 2点　かなりある 3点　激しい

（出典：日本睡眠学会編『改訂版 臨床睡眠検査マニュアル』ライフ・サイエンス，2015年）

●**睡眠障害対処 12 の指針**

[1] **睡眠時間は人それぞれ。日中の眠気で困らなければ十分**
　睡眠の長い人，短い人，季節でも変化，8時間にこだわらない。歳をとると必要な睡眠時間は短くなる。

[2] **刺激物を避け，眠る前には自分なりのリラックス法**
　就床前4時間のカフェイン摂取，就床前1時間の喫煙は避ける。軽い読書，音楽，ぬるめの入浴，香り，筋弛緩トレーニング。

[3] **眠たくなってから床につく。就床時刻にこだわりすぎない**
　眠ろうとする意気込みが頭をさえさせ寝つきを悪くする。

[4] **同じ時刻に毎日起床**
　早寝早起きでなく，早起きが早寝に通じる。日曜に遅くまで床で過ごすと，月曜の朝がつらくなる。

[5] **光の利用でよい睡眠**
　目が覚めたら日光を取り入れ，体内時計をスイッチオン。夜は明るすぎない照明を。

[6] **規則正しい三度の食事。規則的な運動習慣**
　朝食は心と体の目覚めに重要，夜食はごく軽く。運動習慣は熟睡を促進。

[7] **昼寝するなら，15時前の20〜30分**
　長い昼寝はかえってぼんやりのもと。夕方以降の昼寝は夜の睡眠に悪影響。

[8] **眠りが浅いときは，むしろ積極的に遅寝・早起きに**
　寝床で長く過ごしすぎると熟睡感が減る。

[9] **睡眠中の激しいイビキ・呼吸停止や足のぴくつき・むずむず感は要注意**
　背景に睡眠の病気，専門治療が必要。

[10] **十分眠っても日中の眠気が強いときは専門医に**
　長時間眠っても日中の眠気で仕事・学業に支障がある場合は専門医に相談。車の運転に注意。

[11] **睡眠薬代わりの寝酒は不眠のもと**
　睡眠薬代わりの寝酒は，深い睡眠を減らし，夜中に目覚める原因となる。

[12] **睡眠薬は医師の指示で正しく使えば安全**
　一定時刻に服用し就床。アルコールとの併用をしない。

（出典：厚生労働省 精神・神経疾患研究委託費「睡眠障害の診断・治療ガイドライン作成とその実証的研究班」
　　平成13年度研究報告書）
（参考文献：内山真編『睡眠障害の対応と治療ガイドライン 第2版』じほう，2012年）

4 心の健康管理

4-1 心の健康とストレス

　生きている限り私たちはさまざまなストレスに出合います。一般的に，ストレスは少ないほうがよいと考えられていますが，必ずしもそうではありません。ストレスが新しい気づきにつながったり，成長のきっかけになることも多いのです。この節では，ストレスとは何かということと，ストレスの対処の仕方について学びます。

■ ストレスとは何か

　ある出来事をストレスと感じるか否かは，個人の状態（能力，認知，性格など）と環境とのバランスによって決まるといわれています。

　ある人にとってストレスになることが，他の人にとっては楽しみであることもあります。また，ストレスと感じていたことも，周囲のサポートがあれば苦痛なく乗り越えられることもあるのです。

■ ストレスを引き起こすもの──ストレッサーについて

　ストレスの原因となるものをストレッサーと呼びます。心理的なストレッサーとしては，以下のようなものが考えられます。

①**ライフイベント**：人生のさまざまな出来事がストレスと関係が深いといわれています。結婚，出産など一般には良いことと捉えられる出来事もストレスとなりえます。ホームズら（Holmes & Rahe 1967）は，各ライフイベントについて適応に必要な「生活変化指数」を算出しました（右ページ中表）。半年間で，合計点が 150 ～ 300 の場合は 50%，合計点が 300 以上の場合は 80%の人に健康上の変化が現れるといわれています（中野 2016）。

②**小さな厄介事**：ラザルスら（1991）は，日常的に生じる些細な厄介な出来事（hassles）についての**主観的な捉え方**がストレスと関連しているといっています（例：「友人との些細な誤解がある」「進路が決まらない」「自分の外見が気になる」「授業についていくのが大変である」など）。

③**心理的葛藤**：葛藤とは「二つ以上の対立する衝動・欲求が，ほぼ等しい強さで同時に存在し，行動の決定が困難な状況」を指します。レヴィン（Lewin 1931）は葛藤のタイプを三つに分けて記述しました（右ページ下表）。

　ストレスを乗り越えられれば，新しいスキルが身につく可能性もあります。ストレスは，成長，スキルの上達を支える重要な役割を担っており，「人生のスパイス」と捉えることができます。

ストレスは人生のスパイス：ストレスを乗り越えることで成長していこう。

●ストレスのイメージ

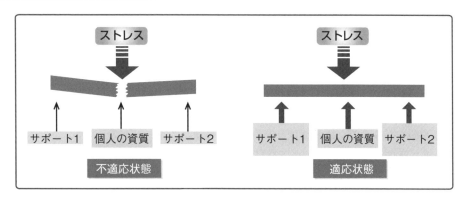

●ライフイベント (Holmes & Rahe 1967)

出来事	生活変化指数	出来事	生活変化指数	出来事	生活変化指数
配偶者の死	100	経済状態の悪化	38	上司とのトラブル	23
離婚	73	親しい友人の死	37	労働条件の変化	20
配偶者との別居	65	転職	36	引っ越し	20
拘留・刑務所入り	63	配偶者との口論の増加	35	転校	20
肉親の死	63	高額の借金	31	余暇の変化	19
けがや病気	53	担保，貸付金の損失	30	宗教活動の変化	19
結婚	50	職場での責任の変化	29	社会活動の変化	18
失業	47	子どもが家を離れる	29	小額の借金	17
配偶者との和解	45	親戚とのトラブル	29	睡眠習慣の変化	16
定年退職	45	特別な成功	28	同居家族数の変化	15
家族の健康状態の変化	44	妻の就職や離職	26	食習慣の変化	15
妊娠	40	入学・卒業	26	休暇	13
性的な問題	39	退学	26	クリスマス	12
家族が増える	39	生活条件の変化	25	軽い法律違反	11
仕事の再調整	39	個人的な慣習の変更	24		

●葛藤の3タイプ

	出来事	特徴	例
1	接近－接近	得たいと思う二つの目標対象から一つを選ぶ場合。二つの目標の魅力度が等価で選ぶのが困難。	A大学にしようか，B大学にしようか。カレーか蕎麦か。
2	回避－回避	否定的な二つの対象から選択する。どちらも同じくらい嫌悪的である場合。	勉強するか単位を落とすか。ほうれん草を食べるか，お母さんに叱られるか。
3	接近－回避	一つの対象が嫌悪と魅力を備えている。アンビバレンスと呼ばれ，最も解決が困難。	仕事はきついがお金は欲しい。彼女に告白したいが，ふられるのは嫌。

4-2 ストレス反応とストレス・マネージメント

◉ ストレス反応

　あまりに強いストレスに長期間さらされ続けると，一定の反応が生じるといわれています。セリエ（Selye 1974）はそれを全身適応症候群（General Adaptation Syndrome：GAS）と呼びました。

　ストレスにさらされると，まず胃の不調や風邪などの軽い体の不調としてあらわれます（警告反応）。それを無視すると一時的に快復したような状態（抵抗期）となります。ここで対応を怠るとついには重大な病気を発症する（疲憊期）といわれています（右ページ上表）。

　具体的なストレス反応としては，五つの下位尺度に分類されます（Hopkins Symptom Checklist：HSCL（Derogatis et al. 1974））（右ページ中表）。自分にそれらの反応が出てきた場合は，ストレスにさらされていることを自覚することが大切です。

◉ ストレスへの対処

　ストレスにはさまざまな対処方法があります。ここでは大きく三つに分類して説明します。

　①**問題中心対処**：ストレス状況に直接働きかけて解決を試みることを指します。一般的には以下のようなプロセスをたどります。

> 問題の抽出→解決方法の探索→有効で犠牲の少ない解決方法の選択→実行

　②**情緒中心対処**：環境に働きかけても状況の変化が望めない場合，自分自身の状況の捉え方を変えることを指します。

　　例：「今回だめでも大丈夫」「気楽にやろう」と自分で気持ちを切り替える。

　③**ソーシャルサポート**：個人をとりまくさまざまな人からの有形・無形の援助をソーシャルサポートといいます。ソーシャルサポートとして，たとえば，家族・友人・先生・専門家などが挙げられます。一人では解決困難な状況でもソーシャルサポートをうまく利用すれば，ストレスに対応することも可能なのです。右ページ下表を使って自分のまわりにどのようなソーシャルサポートがあるのかを考えてみましょう。

◉ ストレスと仲良くつきあうために

　複雑な現代社会を生き抜くために，ストレスを避けて通ることはできません。上手にストレスにつきあうためには以下のことが重要です。

　①自分の体の声（ストレス反応）に耳を傾けること。
　②上記の対処法から適切なものを組み合わせて，ストレスをため込まないようにする。

> 小さなストレスでもため込まず，対処していきましょう。
> ソーシャルサポートを上手に使いましょう。

● GAS の 3 段階

段階	身体の状態	身体の変化
警告反応	抵抗力の低下	リンパ系・消化器系の変化
抵抗期	症状の消失	一時的な苦痛の低減・一時的な抵抗力の高まり
疲憊（ひはい）期	警告反応の再発	エネルギーの枯渇，癌・心臓病などの重大な病気

● HSCL の下位分類

下位症状	主な特徴	具体的訴え
心身症状	身体の機能障害	慢性的頭痛・消化器系疾患・呼吸器系疾患・免疫系疾患
強迫症状	思考のとらわれ・確認行動	手洗いの繰り返し・儀式ばった行動・極端な確認
対人関係過敏症状	他人との優劣の比較・自意識過剰	被害妄想・劣等感
不安症状	心配・緊張・パニック	落ち着かなさ・過呼吸発作
抑うつ症状	興味の減退・エネルギーの低下	不眠・落胆・悲しみ

● ソーシャルサポート

以下のような状況の場合，あなたは誰に相談しますか。下から選んでみましょう。

1	授業の内容がわからない		13	学費が払えない	
2	食欲がなく元気がでない状態が続いている		14	サラ金から借金してしまった	
3	サークルでなじめない		15	家のお墓のことで親族がもめている	
4	リーダーを任されたが，うまくリーダーシップを取ることができない		16	友人がうつ病になった	
5	好きな異性にふられた		17	父親と喧嘩してしまった	
6	お金がない		18	異性から告白されたが返事の仕方がわからない	
7	自分の性格について悩んでいる		19	単位を落としてしまった	
8	母親と険悪な関係になってしまった		20	大学を続けようか悩んでいる	
9	自分の洋服が気になる		21	アルバイト先の店長から叱られた	
10	将来の進路がわからない		22	友達からメールが来ない	
11	履修の仕方がわからない		23	やる気がでない	
12	どのように生きたらよいのか悩んでいる		24	きょうだいと比べられて困る	

①父親	②母親	③きょうだい	④その他の親戚
⑤同性の友人	⑥異性の友人	⑦恋人	⑧先輩
⑨先生	⑩カウンセラー	⑪医者	⑫自分で解決

■ 何人（何種類）あげられましたか？　　　　　　（　　　　　）人（種類）

5 アサーティブな対人関係

5-1 コミュニケーションについて

　大学では育った環境も違い，当然考え方も違う多様な人々と出会うことになります。そのような環境で，人とスムーズに意見交換するにはどのようにすればいいのでしょうか。自分に自信がないと自分の意見を引っ込めてしまったり，相手に合わせてしまったりします。しかし，それでは，自分にますます自信が持てなくなってしまいます。また，自分の意見に固執するあまり，他人を攻撃してしまったり，他人の意見に耳を貸さなかったりする場合もあります。しかし，その結果，他人と険悪な関係になってしまったりします。どちらも自分の成長のチャンスを逃してしまうことになります。他人を配慮したうえで，自分をのびのびと表現する方法はないでしょうか？

　ここでは，アサーション（assertion）を取り上げました。日本人にはなじみのない言葉かもしれません。しかし，今一度振り返って自分の傾向をつかみ，今後の対人関係に役立てていただければと思います。

■ 自分を表現する三つの方法

　アサーションには，三つのタイプがあるといわれています。右ページ上表にそれぞれのタイプの特徴を表す行動・結果についてまとめました。自分の特徴について考えてみましょう。

① **攻撃的なやり方**：自分の立場だけを主張して相手に対する配慮がない。
② **非主張的なやり方**：自分よりも他者を優先し，自分のことは後回しにするやり方。
③ **アサーティブなやり方**：自分のことも考えるが，他者も配慮するやり方。

　アサーションとは「誰もが自分自身の気持ちを表現し，それを尊重される権利を持っている」という考えを前提にしています。ですから，一方的に自分の主張を通すだけではなく，お互いの主張を認めあうことが重要となります。つまり，相手の気持ちも大事にし，同時に自分の気持ちも大切にするということです。

■ アサーションの場面

　右ページ中表にアサーティブな行動が必要となる三つの場面をまとめました。

　そして右ページ下表では，日常的な場面であなたがどのようなアサーションを行っているかをチェックできます。場面1，4は「拒否」，場面2，5は「賞賛」，場面3，6は「要求」の場面となっています。場面ごとで自分のセリフを書いてみましょう。その後，そのセリフが攻撃的・非主張的・アサーティブのどれなのかを考えてみましょう。「拒否的な場面ではアサーティブであっても，賞賛となると照れくさくて非主張的である」あるいは，「要求がとても苦手」など個人の特徴を捉えることができます。

自分のアサーションの特徴を知りましょう。

●アサーションのタイプ

	タイプ	特徴	具体的行動	結果
1	攻撃的	相手の立場を考えずに自分の主張だけをする	怒り，八つ当たり，侮蔑，皮肉	相手との関係を悪くする。相手も不愉快，自分も不愉快
2	非主張的	相手の要求を優先し，自分のことは後回しにする	断れない，黙ってしまう，相手のいいなりになる	相手に対する不満がたまる。自分の中ではストレスがたまる
3	アサーティブ	自分のことも考え，相手に配慮するやり方	自分の気持ちを丁寧に表現する	関係性は良好。否定的なことをいう場合でも，関係性に対する影響は最低限にとどまる

●アサーションの3場面

	場面	内容	例
1	拒否のアサーション	他人の行動・要求に対する拒否・断わりを表現	勧誘・金銭の無心・ノートを貸してほしいなどを断る
2	賞賛のアサーション	感謝の気持ち・賞賛する気持ちを表現	服を褒める，成績を褒める，相手のことを好きだと言うなど
3	要求のアサーション	相手に対する依頼や要求を表現	ルールを守ってもらう，助けを求めるなど

●アサーションセルフチェック

場面	説　明	チェック
1	レストランでカレーを注文したのに，スパゲティが出てきました。どうしますか。	①攻撃的 ②非主張的 ③アサーティブ
2	お母さんがあなたの好物のおかずを作ってくれました。とてもおいしく感じたときどうしますか。	①攻撃的 ②非主張的 ③アサーティブ
3	講義を欠席してしまい，試験前にすべての配布プリントが揃いません。この単位を落とすと留年となります。どうしますか。	①攻撃的 ②非主張的 ③アサーティブ
4	親しい友人からお金を貸してほしいと頼まれました。あなたも現在お金の持ち合わせがありません。どうしますか。	①攻撃的 ②非主張的 ③アサーティブ
5	陸上部で友人と大会出場を争っていましたが，友人は出場，あなたは出場ができませんでした。どうしますか。	①攻撃的 ②非主張的 ③アサーティブ
6	つきあっている彼女（彼）から誕生日にプレゼントして欲しいものがあります。あなたならどうしますか。	①攻撃的 ②非主張的 ③アサーティブ

5-2 アサーティブになるにはどうすればいいのか？

◼ アサーティブなコミュニケーションのために

アサーティブなコミュニケーションを行うためにいくつか知っておいた方がいいことがあります。ここでは，合理的問題解決のためのデスク（DESC）法（Bower & Bower 1976）をご紹介します。

① D（describe）描写する：まずは状況の描写から始めます。客観的事実に触れることで，相手と認識を共有することが大切です。相手の行動そのものを指摘すると，相手はいきなり責められたような気分になってしまいますので，ここでは事実にのみ触れる方がよいかと思います。

② E（express）表現する：自分の気持ちを表現することです。ここで大切なのはあくまで，感情は，相手によって引き起こされたものではなく，自分の気分，自分の好き嫌いによって引き起こされているという認識です。感情は，誰もが抱くもので適切・不適切ということはありません。そして表現したら，相手の行動を待つということが次にきます。相手も自分と同様に気持ちを持っていますので，表現できるよう配慮することです。気持ちを表現する際，言っていること（言語表現）とやっていること（非言語的表現）が一致していないと，相手に伝わらないので注意しましょう（怒った口調で「好きだよ」と言うなど）。

③ S（specify）特定の提案をする：相手に現実的具体的な提案をすることです。そのときに現実的に実行可能な提案をすることが重要です。

④ C（choose）選択：相手の反応を待って，次に取り得る具体的な選択を考えます。自分のアサーションが受け入れられたときは，「ありがとう」と感謝の気持ちを表現しましょう。

◼ 円滑なコミュニケーションのために

①コミュニケーションは連鎖である

コミュニケーションは，自分と相手の間で連綿と続いていくものです。私たちは自分の言動は相手によって引き起こされた結果であると考えがちですが，実は相手の言動の原因でもあるのです（右ページ中表）。ですから，よりよいコミュニケーションを行うためにはまずは自分が変わることが重要です。

②相手の話を「聴くこと」

自分を主張することだけがアサーティブであるわけではありません。相手に関心を持って「積極的に」話を聴くことで，よい関係がうまれます。これは，ただ受け身的に聞き流すこととは大きく異なります。ロジャーズによれば，「積極的傾聴」はカウンセリングの基本的姿勢として，とても重要であるといわれています。右ページ下表に，積極的傾聴に必要とされる「共感」「肯定的関心」「誠実さ」をまとめましたので，自分の行動の振り返りをしてみましょう。

> 「聴くこと」も立派なアサーションである。

●DESC法

段階	特徴	目的	具体例 （レストランで注文が間違っていた場合）
第1段階	D（describe）：描写する	客観的な事実を述べて事実関係の共有をする	「あれ？　ハンバーグを注文したのに，カレーが来たよ」
第2段階	E（express）：表現する	自分の気持ちを表現する	「ここのハンバーグが食べたかったのになぁ」
第3段階	S（specify）：特定の提案	相手への要求を伝える	「できたらこれを取り替えていただけますか」
第4段階	C（choose）：選択	相手の反応に応じた反応をする	店員が『わかりました』と言った場合，「ありがとう」と伝える。『お時間がかかってしまいますが』と言われたら，どちらがよいかを判断する

●コミュニケーションのイメージ

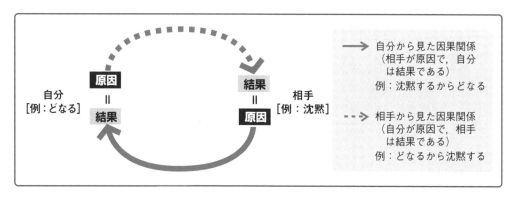

●積極的傾聴

	内容	具体的行動
共感	相手の表現したことをあたかも自分のことのように感じる能力	うなずく。なるほどと思う。気持ちがわかる。もらい泣きしそうになる。相づちを打つ
肯定的関心	相手に条件つきではなく無条件に関心を向けること	視線を合わせる。質問をする。理由を聞く。身を乗り出す。相手を尊重する
誠実さ	自分の気持ちに正直に向かい合うこと	相手の話に対してコメントする。相手の話に対する自分の気持ちを表現する（アサーション）

▐▶*Column*　**大学生とストレス**

　試験期間も終わりに近づいたある日，Aくんが青い顔をして学生相談室に来ました。「勉強しようとしても集中力が続かない。試験の結果ばかりが気になってよく眠れない。食欲もなく，体重がこの1か月で2キロも減ってしまった。試験はどうにか半分ほど受けたが，結果は思わしくない。このままではどうにかなってしまいそうだ」ということでした。学期中の様子を詳しく聞いてみると，大学に入ってから一人暮らしが始まり，自由を満喫しようと，サークル活動，バイトなどさまざまなことにチャレンジしたということです。しかし，元来，断れない性格が災いして，バイトは夜遅くまで毎日入ってしまい，また，サークルでは人間関係が思うようにいかず，トラブルが続きました。そのため，Aくんはさまざまなストレスを一人で抱え込むことになり，心身ともに疲れ，勉強どころではなくなってしまったのでした。

　相談室のカウンセラーは，Aくんに，家族に自分の状態を知ってもらうこと，よく休むこと，何が自分にとって大切なのか考えて優先順位をつけることをアドバイスしました。また，不眠を解消するために，精神科クリニックを紹介し，家族に心配かけるのはいやだというAくんを説得し，しばらく母親にAくんの援助をしてもらうことにしました。相談室に通いながら，Aくんが自分で考えて出した結論は，バイトはやめるが，サークル活動は続けるというものでした。生活にゆとりが生まれたことで，Aくんは，自分が断れない性格であること，大学に入った目的が定まっていなかったこと，友人の思いやりがわかっていなかったことなどについて考えることができました。その結果，勉強のペースもつかむことができ，無事に大学生活に戻ることができました。

　このようにストレスに巻き込まれると思わぬ方向にいってしまうこともあります。自分を保つためには，自分が何をすべきか，何をやりたいかについてよく考えたうえで，常にゆとりのある計画を立てるようにすることが大切です。

第 II 部
大学生としての学びを始めよう

さて，ここから大学生としての学び方を見ていきましょう。

これを見ている人の中には，大学に入ってすでに授業が始まった人も多いことでしょう。大学の講義は高校生までの授業と同じもの，と思っている人も多いでしょうが，それは間違いです。ただしそれが間違いであるということは次第次第にわかってくることでしょう。

そのためにもまず，基本的な知識を身につけましょう。それには講義を聴くことです。そしてわからないことがあれば自分で動きましょう。先生に聞いてもいいですし，本やネットで調べてもかまいません。それを地道に繰り返すなかで，みなさんの大学生としての学習能力が高まっていきます。ただし，それらをやるには，ちょっとした自覚を持ってやるとうまくいきます。第 II 部では，そんな「大学生としての学び」を始めるみなさんへ，大学生としての「アタマの使い方」を教えます。

6 講義とノート──事実

6-1 講義を聴く

■ 高校までの授業と大学の講義の違い

　高校までの「授業」と大学の「講義」は異なるものです。高校までの「授業」では，基本的には学校の先生が時間割を組み，教科書（文部科学省が検定し，正しいとお墨付きをくれた）を使って教えてくれました。つまり，カリキュラム（＝何が学ぶべき全体か）とコンテンツ（＝何が正しいことか）は先生が決めてくれたのです（選択授業があった？　理科や社会科の中でいくらかあったくらいでしょう）。

　大学では違います。それは，大学はこれ以上高いレベルの教育機関がない（最高学府である）ことによっています。まず，どの「講義」を選ぶかの自由は飛躍的に増えます。必修科目はごくわずかです。なぜなら，大学生は自分の学ぶ目的にあわせて，必要なカリキュラムを自ら決める必要があるからです。たとえば，環境について学びたい学生がいたとします。彼／彼女は，人間の経済活動が環境に対して及ぼす影響を調べるかもしれません。すると，経済学，そしてその数理的モデルのもととなっている数学，さらに経済活動の舞台を規制している法制度を学ぶ必要があると考えるでしょう。あるいは，彼／彼女は環境問題をエネルギー問題として考えるかもしれません。すると，熱力学などの物理学，代替エネルギーに関するエネルギー工学などが重要になります。いずれにせよ，そこで学生は自らの目的に合わせ，何を学ぶか，そのカリキュラムを自分で考える必要が生じます。

　もう一つ，大学には文部科学省検定の教科書はもうありません。なぜなら，大学は最先端の研究が行われているところだからです。つまり，そこで扱っている内容，最新の学説は，正しいか（有用か）どうかはすぐにはわからないわけです。それを判断するにはその領域の専門家が時間をかけて吟味する必要がある，そんな知識が作られているのが大学です。これを，高校までは知識を「習う」ところ，大学からは知識を「創る」ところ，とまとめておきましょう。大学は知識を創るところである，だからカリキュラムもコンテンツも自分で考え出す必要がある，ということです。それだけ学ぶうえでの目的意識が大学では大切になります。

　とはいえ，このような変化は段階的なものです。大学１年生として学生生活を始めるとき，いきなり最新の学説が紹介されることはあまりないでしょう。そこに至るまでにはまだ数年間の助走が必要です。大学１年生が立っているのはその段階で，最新の知見を学ぶにあたって必要な基礎的な専門的知識を「勉強」するわけです。これは，さしあたってほとんどの専門家が共通して正しいと認めていることをきちんと身につけるということです。

■ 講義の意味

　そのために最も手っ取り早く，重要なのは，きちんと講義に出て，そこで伝えられる内容を自分のものにすることでしょう。もちろん，実際の活動から学べるものもたくさんあります。しかし，個別の経験を通してすべてのことを学ぶのは時間もかかりますし，重要ではないのにたまたま経験できることもあれば，重要なことが経験できないこともあるでしょう。その点，講義はすべての人にとって重要な最大公約数的内容を，短時間で効率的に伝えてくれるという意味で大切なのです。大学１年生にとって，講義は最良の情報源といえるでしょう。

●高校までの授業と大学の講義の違い

	高校までの授業	大学の講義
カリキュラム（履修計画）	時間割・単位数などは，あらかじめ決められている	時間割も履修する科目も自分で決める
コンテンツ（学ぶ内容）	正しいとされていることは教科書に書いてある	何が正しいかを徐々に自分で判断するようにしなければならない

●目的意識が大切になる

6-2 ノートを取る

■ ノートを取る

　大学 1 年生にとって講義は最良の情報源といいました。しかし，人間の記憶力には限界があります。ではその情報はどのように記録したらよいでしょうか？　もちろん，ノートに取ることです。これは，ちょっと聞いただけでは当たり前で，特に何の問題もなくできることのように聞こえます。しかし，実際はそうではありません。きちんとしたノートを取ることは，実はそれなりに難しいことなのです。

■ ノートの目的

　では，ノートには何を記録すればいいでしょうか。それを理解するには，何のためにノートを取るかを考える必要があります。

　基本的には，ノートは「後から見てその講義の内容を自分なりに再構成する」ためのものです。「再構成する」とは，「自分の言葉で講義の内容を，講義を聴いていない人に説明できる」ということです。なぜそんなことが必要なのでしょうか。仮に講義をすべてビデオに撮ったとしても，そのビデオはノートの代わりになりません。ビデオの中の，どこで何の話をしているのか，その大切なのはどこなのか，などがわからないためです。講義を聴いたときには，大切な部分はどこか，簡単に言えばどんな内容なのかをまとめる必要があるのです。それがノートの役割なのです。

　ですから，ノートは講義の内容をすべて書くのではなく，そのうち後からその内容を人に説明するために重要だと思う部分を，自分なりに考えて書くことになります。そのためのいくつかのヒントをこれから説明します。

■ キーワード

　講義中，教員は重要なことを板書したり説明したりしているときもあれば，そうではない時間帯もあります。つまり，すべての内容が同じ重要さを持っているわけではない，ということです。ということは，講義の中には，重要な言葉・講義の内容を理解するのに必要な言葉があるということになります。その言葉をその講義の**キーワード**と呼びましょう。そのキーワードを漏らさずにノートすることが必要になります。

■ キーワード 1：基本的事実

　では，一般的にいってキーワードになりやすい言葉とはどのような言葉でしょうか。そのうちの一つは，基本的な「事実」です。事実が何かということについては次に説明します。しかし，講義に出てくる内容のうち，たとえば「いつ」「どこで」「誰が」「何を」したか，などを知らないと，そもそも何についての講義なのかもわかりません。たとえば，建物の耐震強度偽装がどのように行われたのかを振り返って再発を防止するためにはどうしたらいいかを扱う講義があったとします。その講義を聴いている人が，その問題がいつ生じ，誰が偽装を行い，その結果がどうなったのか，などという一連の事実を知らなければ，そもそも講義になりません。

　このような事実はいくら考えても自分の頭の中からうみ出すことはできません。事実は，必ずすでにわかっているものを学ぶか，自ら観察するしかないのです。つまり，事実のうち重要で基本的なものを記録し，知ることは内容を理解する前提といえます。

●ノートの目的

　ノートの目的は，自分の言葉で講義内容を，講義を聴いていない人に説明できるようにすることである。

●ノートに書くこと（1）

- ノートには講義のキーワードを書く
- キーワードになりやすい語に重要で基本的な事実がある

●ビデオ（講義そのもの）とノートの違い

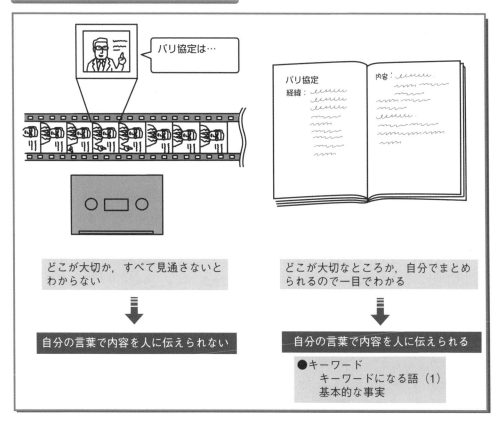

6-3 事実とは何か

■ 事実とは

では，事実とは何でしょうか。実は，これは単純な問題ではないのです。それがどのような大問題なのかは，ここでは扱わず，ひとまず，このテキストでは非常に素朴ですがこう定義しましょう。

> 事実とは，何かについての客観的な陳述のうち，複数の人によって独立に検証することが可能であり，その結果真と考えられたものである。

たとえば，「地球が温暖化している」という文について考えてみましょう。これは事実でしょうか。なぜこのようなことがいわれているかを考えてみましょう。地球の温暖化に関して，たとえば次のようなことがいわれているとします。

[地球温暖化をめぐる言説]

1．地球が温暖化している。

2．世界の年平均地上気温は最近 30 年で 10 度上がった。

3．地球温暖化を防ぐため，我々は CO_2 の排出を減らさなくてはならない。

さて，このうちどれが事実でしょうか。1 は，「地球」の「温暖化」について述べています。これは本当かどうかみなさんも，私も，どちらもが調べることができます。つまり客観性を持っており，「何かについての客観的な陳述」です。あとは，これが真であれば事実と考えてよいでしょう。

そこで，実際に調べてみます。気象庁の資料（国立天文台編『理科年表 2023』丸善，2022 年，p.1008）によれば，300 から 4,800 地点で採取された気温データから算出された世界の年平均地上気温は，100 年あたり 0.73 度上昇しています。また，1991 年から 2020 年の平均を平年値とした場合，2021 年平均気温は，0.22 度それより上昇しており，最近の 2014 年から 2021 年までの平均気温が上位 8 位までを占めています。これらのデータは，「地球が温暖化している」という陳述は真実であり，先ほどの客観性とあわせて事実と認定してよい，ということを示しています。

また，2 も同じように「何かについての客観的な陳述」ですが，「年間の平均気温が最近 30 年で 10 度上がっ」てはいません（そんなに上昇したら大変です！）から，事実ではない陳述です。これを**事実誤認**と呼んでおきます。ただし，意図的なものでなければ，その話し手は誤認された事実と真の事実を区別していません。そのため，両者をまとめて事実の記述と呼びましょう。

では，3 はどうでしょうか。「地球温暖化を防ぐために CO_2 排出を減らす」のは当然であるから，これは事実だと思う人も多いかもしれませんが，実はこの文が述べているのは事実ではありません（「CO_2 排出を減らすと温暖化が防げる」というのが間違いだ，といっているわけでもありません。念のため）。それではこの文は何かということについては，事実以外にどのような陳述があるのか，ということを視野に入れないと説明できません。ですから先で扱うことにしましょう。ここでは，3 には事実ではない考えが含まれていることだけ頭にとどめておいてください。

➡ **練習 2**

●事実の定義

　何かについての客観的な陳述のうち，複数の人によって独立に検証することが可能であり，その結果真と考えられたもの。

■ポイント
1. 複数の人によって独立に検証することができる（客観性）
2. 真である（真実性）

●事実の記述の分類

事実：客観的な陳述のうち真実であるもの
事実誤認：客観的な陳述のうち真実ではないもの（意図的／非意図的）

●世界の年平均地上気温の平年差（1891～2021年）

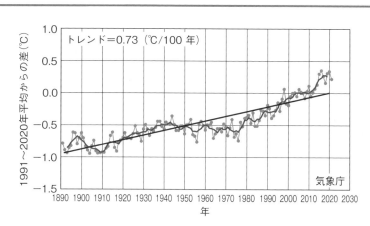

　細い折線は各年の平均気温の平年差（平年値との差），太い折線は平年差の5年移動平均，直線は長期的傾向を示している。平年値は1991～2020年の平均値。
（使用したデータ）
　陸上で観測された気温データに，海面水温データを組み合わせることにより，全地表面を対象とした平均気温平年差を算出している。
　陸上気温データは，2010年までは，米国海洋大気庁（NOAA：National Oceanic and Atmospheric Administration）が世界の気候変動の監視に供するために整備したGHCN（Global Historical Climatology Network）データを主に使用している。使用地点数は年により異なるが，300～4,800地点である。2011年以降については，気象庁に入電した月気候気象通報（CLIMAT報）のデータを使用している。使用地点数は2,300～2,600地点である。海面水温データは，海面水温ならびに海上気象要素の客観解析データベースの中の海面水温解析データ（COBE-SST2）で，緯度方向1度，経度方向1度の格子点データを使用している。
　算出方法の詳細は，気象庁ホームページの「世界の平均気温偏差の算出方法（https://www.data.jma.go.jp/cpdinfo/temp/clc_wld.html）」を参照。
（出典：国立天文台編『理科年表2023』丸善，2022年，p.1008）

6-4　事実として扱ってよいもの

■ 事実の類似物

　ノートに記録する際に，事実ではないものの事実と同様に扱ってよい種類の情報があります。それは公理・定理と確立された理論・法則です。

■ 公理・定理

　定理という言葉は中学校以来主に数学で耳にしてきたでしょう。一方，公理という言葉は，それほどには使わないので，漠然と似たようなものと考えているかもしれません。この二つは関連が深いのですが，意味は異なります。**公理**とは，議論の出発点として論証ぬきで真だと考え，他の命題の前提とする命題で，そこから論理的に正しく導かれた命題が**定理**です。しかし，両者はどちらも真であると考えてよい，という点では似ています。通常，大学 1 年生で教わる公理・定理は，広く認められているものであり，そのまま事実として受け取ってかまいません。

　ただし少しだけ補足します。公理は論証ぬきといいました。「自明なので証明しませんが，それは正しいと認めてください」ということです。それを認めない場合，つまり異なった公理からは異なった定理が導かれます。たとえば，みなさんが中学校で学んだユークリッド幾何学の公理の一つ，「平行線とは，どこまで延長しても交わらない直線である」という公理を別なものに換えると，内角の和が 180° にならない三角形が登場する幾何学体系がうまれます。私たちはそのような「議論の前提」自体を疑うことを普通あまりしませんが，次第にそのようなトレーニングも重要になってきます（13-3 節参照）。

■ 確立された理論・法則

　ガリレオの落体の法則によれば，ものが自由落下するときの落下距離 h は $h = gt^2/2$ です。つまりこの法則は，ものが落ちるときには，石だろうが卵だろうが氷だろうが，その材質・質量に関わりない速度で落ちることを主張しています。しかし，私たちが実際に観察しているのは，ある石を落とせばどのくらいの速度で落ちる，この卵ならばこれくらいだ，というバラバラの事実だけです。そのようなバラバラの事実を統一的に把握・説明するための枠組みが落体の法則であり，そのような役割を果たすものを**理論**といいます。

　さて，では落体の法則は「世界についての客観的な陳述」でしょうか。そのとおりだ，調べればそうなっているじゃないか，という人も多いと思います。しかし，人類の数百万年の歴史のうち，これが「客観的な陳述」と考えられているのは，たかだかこの 300 年ほどであり，それ以前は「重いものほど早く落ちる」と考えられてきたのです。

　こうしてみると，「理論は必ずしも客観的な陳述とは限らないのではないか」という考えも出るかもしれません。そして，その考えは，特に理論がまさに今うまれようとしている科学の最先端では正しいのです。大学で学んでいる知識のうち多くは，理論の前段階である「仮説」を検証するなかでうまれてきたものなのです。**仮説**とは，理論の前の段階で，皆が正しいと認めたわけではないが，個々ばらばらの事柄を法則的・統一的に説明するために（仮に）おいた仮定です。そのような仮説を多くの人が正しいかどうか検証したり，一定の公理から論理的に正しく導き出したりすることで，

高等学校の教科書に書かれるような理論がうまれるのです。しかし，大学の1年生で学ぶ内容は
まだそこまでいかず，落体の法則と同じようにほとんどの人が認める内容であることが多いので
す。このような，すでに確立された理論は，現段階では事実とみなしてかまいません。同時に，
みなさんが大学を卒業する頃には，いまは未知であるような新しい理論・知識をうみ出す作業に
参加するようになることも，心にとめておいてほしいものです。

➡練習 **3**

●事実として扱ってよいもの

公理・定理・確立された理論・法則

公理の例
- 同じものに等しいものは互いに等しい
- どんな自然数にもその次の自然数が存在する

定理の例
- 対頂角は等しい
- 任意の2人ゼロ和ゲームには混合戦略の範囲で均衡が存在する

確立された理論・法則
- 落体の法則

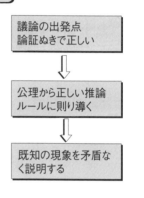

議論の出発点
論証ぬきで正しい

⬇

公理から正しい推論
ルールに則り導く

⬇

既知の現象を矛盾な
く説明する

●理論と公理の関係

理論は，多くの人がその正しさを
検証することで，事実と考えられ
るようになる

公理（前提）が変わると
結論も変わる

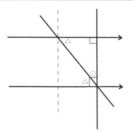

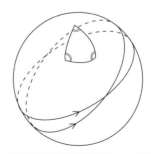

平行線がどこまでいっても交わらな
いなら，三角形の内角の和は180°

平行線が交わる世界では，三角形の
内角の和は180°にはならない

6-5 ノートとメタ認知

◉ キーワード２：テクニカルターム

さて，ノートすべき内容として，重要で基本的な事実以外にどのような内容があるでしょうか。

初学者にとって専門的な議論がややとっつきにくいのは，第一に使われている用語になじみがないからでしょう。特に，日本語では学術的な専門用語と日常の言葉とのずれが大きいといわれることがあります。このような，学術的な専門語を**テクニカルターム**といいます。テクニカルタームは，一見議論を難しくしそうですが，必ずしもそれだけとは限りません。

専門的な議論というのは，概して複雑なものです。そのような議論を日常使っている言葉だけで表そうとすると，言葉も複雑になります。しかし，複雑な内容を一言で表せば，議論は単純でわかりやすくなります。たとえば，「ドラッグ＆ドロップ」という言葉（概念）を導入することで，パソコンの操作について説明することはとたんに簡単になります。つまり，テクニカルタームは，関連する知識を簡潔に表現し，抽象的・論理的な思考を助けるものです。したがって，テクニカルタームは出てきたときに必ず覚える必要があります。

◉ 何をノートすべきか

先ほど，「講義の模様をすべてビデオに撮ってもそのビデオはノートの代わりにならない」旨を説明しました。それだけがあっても，どこに重要な情報があるのかを知るためには全体を見直さなければならないので，実質的な役には立たないのです。

つまり，ノートを取るときには，先生の話を聞いているだけではなく，「この話のうちのどこが重要なのか」を考えながら取る必要があるということです。このような，「『先生の話を聞いている自分』をモニター（監視）してどこが大切なのかを考える」作業は，単に話を聞いて機械的にノートに書き写すことより一段階水準の高い作業です。このような頭の使い方を**メタ認知**（これもテクニカルタームです。これを使うことでこの先の説明が簡潔になることを確認しましょう）といいます。では，ノートを取るとき，何をメタ認知しなければならないのでしょうか？

■新奇性

講義は自分にとって，まず情報の収集の場所であること，主要な情報の一つに事実があることを思い出してください。つまり，メタ認知しなければならないことの一つは，「この知識を自分は知らないのか（新奇性）」を判断することです。知っているならば，それだけノートしなければならない必要さは減ります。

■重要性

もし知らないならば，次に「この事実は重要であるのか（重要性）」を判断する必要があります。たとえば，テクニカルタームは最も重要なものです。それ以外にもいろいろとあるでしょうが，それはまた後で扱いましょう。こうすることで，自分が知らない事実的な情報のうち，重要なものを漏らさず記録することができます。

■話全体との関係

もう一つ，メタ認知しなければならないのは，話全体との関係，言い換えれば話の構造です。これは大変重要なので，節を改めて説明します。　　　　　　　　　　　　　➡練習 **4**

●テクニカルタームの効用

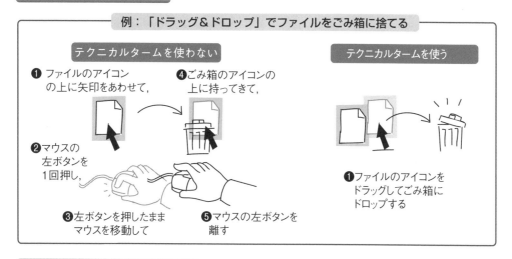

例：「ドラッグ＆ドロップ」でファイルをごみ箱に捨てる

テクニカルタームを使わない

❶ファイルのアイコンの上に矢印をあわせて，
❹ごみ箱のアイコンの上に持ってきて，
❷マウスの左ボタンを1回押し，
❸左ボタンを押したままマウスを移動して
❺マウスの左ボタンを離す

テクニカルタームを使う

❶ファイルのアイコンをドラッグしてごみ箱にドロップする

●ノートを取るときの頭の使い方

パリ協定とは，2015年12月にフランスの首都パリで開催された第21回国連気候変動枠組条約締約国会議（COP21）において，2020年以降の温室効果ガス排出削減等のための新たな国際枠組みとして採択された。このパリ協定は，はじめての全ての国が参加する気候変動に関する合意で，世界共通の長期目標として気温の上昇を産業革命前に比べてできれば1.5℃に抑えるという目標を掲げている。

どこが大切かな？

監視

パリ協定
2015年12月
全ての国の参加
目標1.5℃
基準は産業革命開始期

知らない　大切

パリは
フランスの首都
国連関係の会議

知っている
大切ではない

●ノートに書くこと（2）

テクニカルタームは必ずノートに書く。

6-6 ノートを構造化する

● 話の構造

　新奇性・重要性のメタ認知は，事実を記録するために必要です。しかし，もう一つ必要なのは，記録した事実をきちんと頭の中に定着させること，平たくいえば「わかった」と思えるようになることです。

　事実は，単に羅列するだけでは，覚えられませんし，頭に定着もしません。「653124141」という数字を見せられて，一度で覚えられる人はあまり多くありません。しかし，これを逆にすれば141421356（ひとよひとよにひとみごろ）となる，といえば，ほとんどの人が1回で覚えられるでしょう。つまり，1，4，1，……という数字をバラバラに扱うのではなく，その続き具合を考えて意味づけることで，飛躍的に理解が進むのです。このように，ものごとをバラバラに扱わないで互いに関係づけることを**構造化**するといいます。

　事実が講義されているとき，どうしても事実を事実として記録することに追われ，出てきた事実どうしがどのような関係になっているのかを考えたり書き留めたりする余裕がなくなってきます。しかし，そのような関係を欠いたノートは，後からは使い物になりません。なぜでしょうか。構造化されていないノートとは，「どうしてこのようなことが説明されているのかわからない」ノートです。「どうしてこのようなことが説明されているのかわからない」ならば，ノートの目的である，「自分の言葉で講義の内容を，講義を聴いていない人に伝えられる」ことなどできないからです。

　では，話を構造化して聴くためにはどうすればいいでしょうか。これも2点説明します。

■小見出し

　話を構造化して聴くために最もよいのは，自分でノートに小見出しをつけることです。**小見出し**とは，話の一部，ある範囲に対してつけた名前です。このテキストでも，「話の構造」「記号を使う」などと小見出しをつけています。小見出しをつければ，その小見出しの範囲内を一言でまとめることができます。すると，話全体の中でこの部分がどんな役割を果たしているのかを，自然に考えるようになり，話の構造がわかります。そしてそれは書くときにも役に立ちます（10-3節参照）。

　もし小見出しをつけようとしてつけられなかったら，そのときは教員に聞いてみましょう。「講義中に述べた事実」についての質問は，その学生が講義を聴いていなかったことを示していますから，教員としてはあまり嬉しくないものです（もちろん，プロとして答える義務はあります）。逆に，このような「講義の内容を超えた，学生が自分で頭を使った質問」は，たいていの教員が歓迎するものです。

■記号を使う

　小見出しをつけて話を構造化したならば，次に各部分どうしがどのような関係になっているのかを記号で表してみましょう。記号は自分で使いやすいもの，ぱっと見てわかりやすいものであれば何でもかまいません。たとえば，反対のことをいっているときには←→で，同じことの言い換えならば＝で，結論を述べているならば∴などはよく使われるものでしょう。ほかにもいろいろと工夫してみてください。それが議論の展開の明示（7-3節参照）につながります。

→ 練習 **5**

●構造化されたノートの例（1）

　次に掲げるのは，講義の例とそれを構造化してノートした例です。ノートの例を見る前に，自分ならどうノートに書くかやってみてください。そして，例とどう違うか，なぜ違ったのかを考えてみてください。

●講義の例：Ｘ社の事例

　日本の自動車メーカＸ社は1985年から宅配便用の車高の高い貨物車を販売していたんですね。このうち，1995年製の宅配便車の1台で，車のスタビライザ部分に亀裂が生じているのが発見されました。スタビライザとは，カーブ時の車の左右の伸び縮みを押さえるメカニズムです。調査の結果，この車は栃木県日光付近で用いられていたことがわかりました。日光といえばいろは坂の秋の紅葉が有名ですよね。この車はいろは坂のような連続的に曲がりくねった山道を5年間以上も毎日毎日走っていたんです。そしてその結果，カーブでの車体のねじれの力により，車体の疲労が予想外に蓄積したと結論されました。この車は車高が高いためたわみやねじれが大きかったわけです。まぁ，設計者にとって見ればこういう使い方はまったく想定外のものだったんですね。宅配便用の車の中でも，こういう特殊用途に使用されるのは車番が特定できるほど少数だというのもわかりました。しかし，メーカのＸ社は，この危険を公表せずに個別に改良を施すことは現在の日本では許されない，と考えました。そして，Ｘ社はリコールの届け出を行ったのです。自動車のリコールとは，自動車の設計・製作に基づく原因で性能が「道路運送車両の保安基準」に適合しなくなるときに，運輸省，いまの国土交通省に届け出て必要な改善を行うものです。

（中尾政行『失敗百選 41の原因から未来の失敗を予測する』森北出版，2005より一部改変）

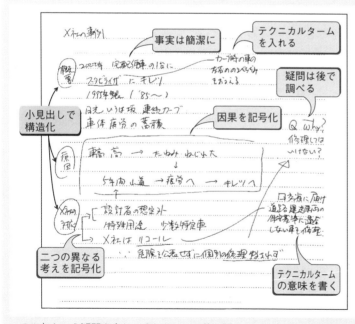

●ポイント

- 講義にはないが，「概要」「原因」「Ｘ社の対応」などと小見出しが振られ，内容が構造化されている。
- 「概要」はほぼ事実を扱っているので，簡潔に必要なことを漏らさず書いている。
- 出てくるテクニカルターム（「リコール」）は，講義の中でも解説されているが，ちゃんと意味を書いている。
- 事故原因の説明で，事故に至った因果関係を→を使って簡潔に表している。
- Ｘ社の対応のところで，二つの対立する考え（リコールしなくていいという考えと，リコールすべきであるとの考え）を←→で結んでいる。
- 「『なぜ』修理してはいけない

のか」という疑問を出し，それについて後で調べられるようにしてある。
- 書けない漢字（亀裂）はカタカナ書きし，後で辞書で調べられるようにしてある。

　もちろん，これは唯一ベストの書き方ではありません。みなさんが自分なりの方法を編み出すときのヒントにしてください。

●ノートに書くこと（3）

　話の構造がわかるような言葉：小見出し・記号

6-7 大学の流儀に慣れる

■ （日本の）大学流の授業

　最後に，高校までの授業に比べたときの大学（日本限定ですが）の授業の特徴について触れておきます。

■ プレゼンテーションソフトの利用

　我が国では 2020 年 3 月頃から本格化した COVID-19 問題は，さまざまな点で社会に影響を与えました。学校教育ももちろん同様で，学校が長期休校したことなどは記憶に新しいところです。しかしそれはまた，教育が次のステップに進むための推進力にもなりました。みなさんの学校でも，教育のディジタル化（遠隔授業・教材ウェブ配信・ひとり 1 台タブレット……）が進んだのではないでしょうか。

　教室の変化としては，黒板に代わってプレゼンテーションソフト（代表的なソフトウェアの名前を使い，「パワーポイント」と通常呼ばれます。パワポなどと略す人もいます。なお，ソフトウェアも，そのソフトウェアで作った個々のファイルも，ついでにそのファイル形式も同じ名前で呼ばれることが多いです）による授業が行われた人も多いと思います。ただ，大学ではもう少し早くからプレゼンテーションソフトの利用は常態化していました。もちろん，インタラクティブに行い学生の意見を聞いてクラス全体で共有する必要がある授業，数学に典型的なように 1 行 1 行を丁寧に理解しながら進める必要がある授業などでは相対的にその利用率は少ないでしょう。しかし，まとまった量の知識を短時間で伝達するようなスタイルの授業ではプレゼンテーションソフトのスライド提示は効率的なので，多くの授業でこの提示法が選択されます。

　そこでは，プレゼンテーションソフトによるスライド提示は黒板への板書の代替物として使われています。しかし，物理的な特性の違いもあり，それは完全な代替物ではありません。両者の違いを挙げてみます。

■ プレゼンテーションソフトの特徴

①**提示の速さ**：黒板に板書するには一定程度の時間がかかります。しかし，スライド提示はクリック一つで進みます。教員側が学生がノートするのにかかる時間を考えて授業を進めればまだいいのですが，必ずしも教員はそうするとは限りません。

②**画面あたりの文字量の多さ**：もともとプレゼンテーションソフトとは文章を提示するためのものではありません。画像やグラフ・アニメーション，文字を使うならせいぜいキーワードの単語を使って，何か一つのことを納得してもらえるよう聞き手を説得するためのソフトであることは，アップルの創業者の一人，スティーブ・ジョブズによる初代 iPhone 発表のプレゼンテーションを見てみればわかります。ソフトが想定している聞き手は，もともと，画面の大量の文字を 1 文字も欠かさずにノートに書こうとしている人ではないのです。それを使って大量の板書の文字を提示し，効率化を図るのですからどうしても無理が出ます。画面あたりの文字量はたいてい多すぎですし，入りきらない情報は口頭のみになるか，スライド切り替えのスピードをさらに上げるかになります。

③**構造の不自由さ**：たいていのプレゼンテーションソフトでは文字情報は構造化され，何段階かにレベル立てされます。しかし，1枚のスライドに提示できる行数は黒板の行数に比べて限られます。そのため，ある1枚のスライドのレベル立てが教えている内容に最適とは限りません。

🔲 授業ごとの自分の聞き方を決めよう

このような特徴があることは，教員側も（実はうすうす）気づいています。そのため，教員によってはスライドを印刷配布する，スライドの一部のキーワードを空白にして印刷配布する，スライドのダウンロードやウェブ上での閲覧を可能にする，などの対応をします。ただ，どのような方法をとるかはどのような方法が教育効果があるかという視点から最終的には教員側が判断しますので，学生側は要望は出せるでしょうか決定することはできません。

また，授業の録画や録音については，教員側が一律・明示的に許可を出した場合以外は，個々の場合で教員に許可を得る必要がある，というのが現在のところの日本の大学における共通理解と考えてください。

そのような中でみなさんができることは，授業がどのようなスタイルで行われるのかを見極め，早い時期にその授業の自分なりの聞き方を決めることです。それはまさに，自分の理解の仕方に合わせてどのようにすれば理解しやすいかをメタ認知するということなのです。

●授業を聞きながら学生が行えること

自分が履修しているどの授業には，どの聞き方が向いているか，考えてみましょう。

●ノートを取る

・汎用性が高くどんな授業でも対応できる
・書くことで記憶に定着しやすい
・文字情報が多いと追いつかない
・図表や動画の記録に向かない

●配付資料に書き込む

・すでにある程度構造化されていて，話を聞くことに集中できる
・常にあるわけではない
・資料をもらうだけで安心して逆に注意が散漫になりやすい

●PCやタブレット

・記録したファイルがわかれば，その中での情報の検索や再利用がしやすい
・起動に時間がかかる
・電源やバッテリーの確保が必要
・ファイルが増えると検索しにくくなる

●写真・ビデオ

・手軽にできる
・図表や動きのあるものの記録に向いている
・許可されないことがある
・授業後の情報の整理に非常に時間がかかる

7 本を読む──意見

7-1 意見を作る

◾ 意見とは

6-4節で，事実として扱われるような確立した理論も，最初は仮説とその検証という形でうまれてくることを学びました。大学とはそのようなまだ未確定な仮説から，万人が合意できるような確立された理論を自分でうみ出していく場所なのです。それが，他の人によりすでに正しいとされたことを他の人から教わる高等学校との違いです。

ですから，大学では確立された理論とその前の段階の考えをきちんと区別する必要があります。そのように，（仮説を含む）理論として確立する前の段階の考え，「誰かが自分の考えを言葉で表したもの」を，ここでは一括して**意見**と呼んでおきましょう。「主体的に学んでいく姿勢を身につけること」の重要性はこのテキストですでに述べましたが，それは自ら学び，自分の意見を創り出すことが大学生に求められているからにほかなりません。

◾ 事実・意見・心情

意見は事実とどう違うでしょうか。事実の定義を思い出してください。事実には，客観性（複数の人が独立に確認できる性質）と真実性（その陳述が正しい命題であるという性質）が求められました。それに対し，意見にはその二つがなく，単にある人が考えたもので，言葉で表せるならば何でもよいのです。これを**広義の意見**と呼んでおきます。極端な話，太郎くんが頭の中で考えた「今日は激辛カレーが食べたいなぁ」という願望のようなものも広義の意見に含まれます。ただし，太郎くんが考えた願望は大学で教える価値がないので普通は教えません。このような根拠を伴わない単なる心の中の思いは**心情**と呼んでおきます。

◾ 狭義の意見と根拠

しかし，意見の中には大学で教えるだけの重要さがあるものもあります。それを**狭義の意見**と呼び，今後特に断らない限り意見といえば狭義の意見を指すことにします。それでは狭義の意見とはどのようなものでしょうか。

前述したように，確立される前の理論は，まず仮説という形ででてきます。たとえば，「引力を仮定することで，これまでに観察されたバラバラな事実（たとえば，石が落ちた距離と時間，リンゴが落ちることと月が地球の周りを回ること……）はこのように説明できる」という形です。ニュートンの法則が当然である現代から考えればこの仮定は妥当なものですが，ニュートンがこの考えにたどり着いたとき，同じことを考えた人はほかにはいなかったのです。そういう意味では，この考えは当時，ニュートンだけが考えたニュートンの「意見」にすぎなかったわけです。

この例からわかることは，確立された理論ができる前には，まず仮説があること，そしてその仮説は誰か特定の人が考えた意見であることです。ではそのニュートンの意見と，「激辛カレーが食べたい」という広義の意見（心情）が違うのはどこでしょうか。それは，ニュートンの意見は，その後客観的な観察・実験を積み重ねることで正しいかどうかを検証することと，正しい場合には有

用な事実を説明したり予測したりすることができる，ということです。こうなったとき，その意見（仮説）は正しい「理論」として，大学や高等学校の教科書に載ることになるでしょう。

　「意見」と聞くと，何か根拠のないいい加減なものや，主観的であってどうでもいいようなものを想像するかもしれません。しかし，学問の場にあっては，意見を作り，根拠づけ，それを検証していくことが大変に重要な作業なのです。

　このような各種の陳述は下図のように分類できます。

📖練習 **6**

●陳述の分類

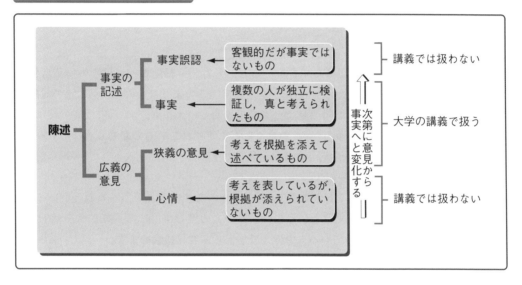

7-2 事実と意見を区別する

◾ 事実と意見の区別

　意見と事実を区別することは大変重要な作業です。なぜなら，ある人が話すのを聞いたとき，それが事実として扱ってよいくらい確定された知見なのか，それとも，それはまだ話し手の考えの段階であり，実証されていないことなのかは，学問をするうえではまったく異なるからです。高校生までではその区別をする必要はほとんどありませんでしたが，これからは意識して事実と意見を区別しなくてはなりません。しかし，前ページの図を見てもわかるように両者の境界はややあいまいです。

◾ 意見の分類

　事実と意見を区別するため，まず意見にはどのようなタイプがあるのかを見てみましょう。事実にいくつかの類似した記述があったように，意見にもいくつかの種類があります。いくつか取り上げましょう。

■意見の分類

- **評価**：「あの人は**美しい**」「この服は**高すぎる**」など，形容詞・動詞などにはその言葉自体が話し手の何らかの判断・評価を含んでいる語があります。このようなものは，話し手の対象に対する考え方が反映されているという意味で，意見の表明といえます。
- **推測**：「そろそろ大学に着く**だろう**」「もしかしたら電車が遅れているの**かもしれない**」など，話し手の推測が含まれている文も，同じように対象に対する考え方が反映されている，意見の表明と考えられます。
- **当為**：「あること・あり得ること」に対して，「あるべき・なすべきこと」を当為といいます。たとえば，「大学生は勉強すべきだ」というのは当為の文の例です。この「あるべき・なすべき」というのも，その判断を行っている人の考えですから，意見に含めます。

　このように，意見は「これが意見だ」とわかるような形で出てくるだけではなく，言葉の意味を考えないと区別できないものが多くあります。ですから，事実と意見を区別するときもその内容を分析しないと区別自体ができないことになります。

◾ 意見の表れ方

　では，事実と意見をどのように区別すればいいでしょうか。残念ながらそれを常に簡単に行うよい手だてはありません。そのなかで，以下に挙げるのはいくつかの手がかりです。

■ 意見を見分ける手がかり

- **前置き・後置き**：話し手が自分で事実と意見を区別しているならば，「これは私の考えだけれども」とか「ま，いまの話はまだ確実じゃないと思うけどね」など，それとわかるように区別して伝えることがたいていです。まずはそれを聞き逃さないようにしましょう。
- **文末の表現**：同じように，「……とみられる」「……と考える」など，話し手の心の状態を表す言葉は，それが話し手の意見であることを示しています。
- **用語**：「美しい」「醜い」「優れた」「劣った」「素晴らしい」など，評価を表す言葉は，客観的

な基準が示されない限り，話し手の評価を表すものと考えられます。ただし，たとえば優劣を決める何らかの基準がありそれに基づいて「優れた」「劣った」と言っているのであればそれは意見ではありません。

　一応このような基準を挙げることはできます。しかし，複数の文のつながりの中で意見が意見であることがわかる場合などもあります。なにより，話し手の中ですらこの二つがはっきりと区別されていないことすらあるのです。ただ言えることは，この重要な事実と意見の区別を日本の高校までの教育はほとんど行っていないこと，そして，それを行うことは大学での学びでは非常に重要であること，そのため，意識してそれを普段から行う必要があるということです。

➡練習 **7・8**

●メタ認知による意見（仮説）と事実（確立した理論）の区別

2016 年に発効したパリ協定では，世界平均気温の上昇を産業革命開始前を基準に 1.5℃に抑えるよう努力することが目標として掲げられました。ではどうして 1.5℃なのでしょうか。さまざまな分野の科学者からなる気候変動に関する政府間パネル(IPCC)報告では，世界の温室効果ガス排出量を 2050 年ごろにゼロにすると 1.5℃程度となる可能性が高まる，とされています。一方で，気温上昇が 1.5℃の場合と 2℃，2.5℃の場合とで，地球規模のリスクの大きさはあまり大きくないというシミュレーション研究もあります。今後，なぜ 1.5℃なのかということについても議論が続くのではないでしょうか。

事実：
• パリ協定
• 2016年発効
• 1.5℃の目標設定
：

意見：
• 2050 年ごろに温室効果ガス排出 0 で実現か
• 1.5℃が必要かははっきりしていない
：

7-3 意見をノートする

■ 意見をノートする

　ここまでで事実と意見が異なること，それをはっきり区別することが重要であることを学びました。では，意見はどのようにノートに取ればいいでしょうか。

　基本的には事実を記録する場合と同じです。重要な情報・キーワード・テクニカルタームを見極め落とさないこと，他の人に説明できるように構造化しながら書くことなのですが，さらに注意する点をいくつか挙げましょう。

■ 事実との区別

　事実と意見は区別しなければなりませんし，異なるのですが，一見しただけでは区別がわかりにくいものでもあります。ノートに書いている内容が意見なのか事実なのかを区別しながら書くべきです。

　ためしに，この前の文を考えてみましょう。これは「べきです」とありますから，基本的には書き手（＝この章の筆者）の考えです。ですから，別な考えがあることは否定しませんし，ノートにもその（これは筆者の意見である）旨書くとよいでしょう。ただし，「大学1年向けの講義では，そこに述べられている内容はほぼ事実と思ってよい」旨書いたように，ほとんどの大学教員が一致してそう考えており，その意味で「事実に準じるもの」と考えてよいともいえます。

■ 誰の意見かの明示

　意見と事実を分けてノートするわけですから，当然，その意見は誰の意見なのかを明らかにすべきです。文脈から明らかな場合（たとえば，担当している教員）は，意見であることさえわかれば十分ですが，研究の先端では複数の研究者の意見が異なる場合がむしろ普通です。このようなときは，両者を分けて誰の意見かを明記する必要があります。

■ 意見の根拠・議論の展開の明示

　最も重要なのはこの点です。学問の世界の意見には，根拠が必要です。もちろん「激辛カレーが食べたいなぁ」という心情に根拠はいりません。しかし，学問の世界では，その意見を聞いた人を納得させる必要があります。そのためには，「なぜ」そのような意見を持つのかが明らかでないといけません。しかし，ここに困ったことがあります。意見が出てくる過程・議論の展開は，事実と違い，聞き落とされやすいのです。

　なぜでしょうか？　議論の展開を支えているのは，「だから」「ゆえに」「しかし」「一方」などの「接続詞」と呼ばれる言葉です。事実を述べる言葉が新奇で注意されやすいのに対し，これらの議論の展開を支える言葉はありふれているだけに，右から左に抜けやすいのです。先に，ノートを構造化して取ることの重要さを指摘しましたが，その際，各パート間の関係がどうなっているのかにくれぐれも注意して接続詞を落とさないように，また適宜補って記録しておいてください。

■ プラスワン：自分のコメント

　以上のことができればノートは取れるのですが，さらに上を目指すときに必要なのが，自分のコメントを書くことです。コメントは，当面，意見でも疑問でも感想でもかまいません。その意味はまた後で扱うことにしましょう。

●ノートを取るうえでのメタ認知

- 事実を記録する
- キーワード・テクニカルタームを落とさない
- 小見出し・記号・接続詞で内容を構造化
- 事実と意見を明示的に区別
- 誰の意見かの明示
- 意見の根拠を添える
- 議論の展開を示す言葉を落とさない
- 一言コメントする

●構造化されたノートの例（2）

　ここで，6-6節で扱った模擬講義の先の部分を見てみましょう。事実と意見の違いをふまえ，みなさんはどのようにノートを取るでしょうか。

●講義の例：Ｘ社の事例（続き）

［…前略…］

　1990年代半ば以降，実は国産自動車のリコール届け出件数が急増しています。このことから，日本の自動車製造の技術力が落ちているという説もあります。しかし，リコール件数が増えているのは，それよりも企業が情報公開することを前提と考えるようになった結果，今回のＸ社のようにリコールを行う基準についての考え方が変わったことによるものと考えられます。つまり，それは必ずしも日本の自動車製造技術の低下を示しているわけではないんです。
（中尾政行『失敗百選―41の原因から未来の失敗を予測する』森北出版，2005より一部改変）

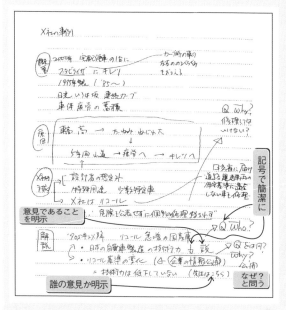

●ポイント

- 小見出し（解説）をつけている。内容からいって意見が多いところであるため，見やすいように楕円ではなく四角で囲っている。
- 「日本の自動車製造の技術力↓（低下）」が誰かの意見であるとわかるように「説」と明示している。講義中にはその意見が誰のものかは明示されなかったので，調べるための疑問を出している。同様に，「技術力は低下していない」というのも（文脈からいって先生の）意見だと明示している。
- 6-6節でのノートに続き，「なぜ」という疑問を提示して，深い学習の手がかりとしている。

7-4 意見を比較する

コメントを書く

ノートを取っていて，さらに上を目指すときに必要なのが，自分のコメントを書くことだと述べました。その意味について考えましょう。

コメントの意義

コメントとは，「論評・批評」という意味ですが，ここでは「自分の言葉で書く一言」くらいの意味です。なぜコメントを書くのがよいのでしょうか。それは，コメントを書くためには考えることが必要だからです。大学生として，主体的に学ぶことの重要性をこれまで繰り返し指摘してきました。しかし，ノートを取るという行為はある程度までは「受動的に講義を聴いて」いてもできてしまうのです。みなさんの中にも高校生まではとりあえずわからなくても板書されたことを写したという人がいるはずです。それを意図的に乗り越えるため，プラスワンの作業をしましょう。そのための第一歩がコメントです。

コメントは，「わかった・わからなかった」という一言でもかまいません。それはあなたの最も素朴で最初に出る意見でしょう。聴いている講義に関する知識が少ないときには，どうしてもそこから始まらざるを得ません。しかし，大丈夫です。主体的に考えるという作業を続けていけば（ということは，機械的に「わからなかった」と書くだけではないということです），知識は蓄積され，次第にもっと具体的なコメントが書けるようになります。

具体的にどうすればコメントを書けるようになるでしょうか。それには次に述べる，「本を読む」ことが最適です。

本を読む

広い意味での意見，たとえば学説などは，もちろん講義中にも紹介されます。そのような内容は学年が進むにつれて増えていくでしょう。

しかしそれでもなお，多様な意見を知りたければ，関連する本を読むに越したことはありません。講義はどうしてもその講義を担当されている先生の考えが反映されがちです。それに対して，さまざまな考えを持つ人がそれぞれの考え方の本を出版しています。広く意見を知りたいときには，複数の著者の本を読み，その内容を比べて，どこまでは確実にわかっているのか，どこから先はまだ学説がはっきりとしておらず，意見の対立があるのかを調べる必要があります。そうすることで，講義中にはわからなかったことも，ちょうどジグソーパズルの欠けたピースがはまったように感じ，わかったという気になるでしょう。また，異なる立場を知れば，講義内容に対する疑問も生じ，コメントも具体化するでしょう。

それ以外にも，講義の中では出てこなかった事実について調べるとき，自分で講義の内容についてさらに考えるための参考文献とするときなどにも，関連書籍を読むという作業は必須のものになります。

それにしても，なぜ他の媒体（雑誌・ウェブ……）ではなくて本なのでしょうか。それはまた先で考えることにします。

●本を読むことの意義──環境問題を論じる本のいろいろ

　このテキストは，大学初年次生が誰でも使えるよう，例として環境問題を多く取り上げ，たとえば 38 ページのように地球温暖化を一応「事実」として扱っています。しかし，これについては異論もあります。どのようなものがあるか調べてみましょう（9-2 節参照）。

　気候変動に関する本を調べてみたところです。温室効果ガスによって地球が温暖化するのが問題であるという主張だけではないこともわかります。たとえば，GHCN の調査はヒートアイランド現象が生じている都市部に偏っているためで地球全体では温暖化しているという証拠はないという主張[1] や，温室効果ガスが増えることが原因で温暖化がもたらされているのではなく，温暖化が原因で温室効果ガスが増えているだけである[2]という主張も見つかります。

※1　池田清彦『環境問題のウソ』筑摩書房（ちくまプリマー新書），2006 年，12-13 ページ。

※2　武田邦彦・丸山茂徳『「地球温暖化論」で日本人が殺される！』講談社，2008 年，79-80 ページ。

7-5 ノートの例

■ ノートの例

　ではここまでのまとめとして，模擬的な授業とそれを構造的に記録したノートの例を見てみましょう。その前に，一度自分でノートに書いてみてください。そして，例と比較してみましょう。

■ 模擬講義

　一口に「地球に優しい」といっても，いろいろな優しさがあります。たとえば，絶滅の危機にある野生動物を保護しよう，という運動も地球への優しさの一つと考える人が多いことでしょう。実際，環境省のレッドリスト，これは，絶滅のおそれのある野生生物種リストですが，レッドリストによれば，たとえばニホンカワウソは絶滅危惧 IA 類，これは「ごく近い将来における絶滅の危険性が極めて高い種」に分類されていますし，メダカは絶滅の危機が増大している絶滅危惧 II 類に分類されています。それ以外にも，ゲンゴロウやオオクワガタ，カブトガニなどなじみ深い生き物が程度の差はあれこの中に指定されています。このような生物種を保護して，生物の多様性を保とうというのがこれらの運動の目的です。生物の多様性は，遺伝子・種・生態系という異なる三つのレベルで，多様な生物が存在していることを指しています。つまり，多様な生態系が多様な種を育み，多様な種の中に多様な遺伝子プールが保たれ，それが多様な生態系をまた生む，そのつながりの中から人間を含む動物は，食料をはじめとして，生きるのに必要な空気や気候など生存のための要素を手に入れているのであり，それを失ってしまうと再びもとに戻すことはできない，というのが生物多様性が重要であるとされる理由です。

　生物多様性の保持は国のレベルだけでは解決されない問題です。そこで，国連は国連環境開発会議，いわゆる地球サミットを 1992 年に開き，そこで生物多様性条約への署名を始めました。現在日本はそれに加盟し，生物多様性の保全とその持続可能な利用にむけた取り組みを行っています。その一つの例が，外来生物の規制です。外来生物，つまり日本におらず海外から入ってきた種は，ときに生態系を大きく変えてしまうことがあります。その生物の天敵がいないとか餌となるものが多いなどの理由により過度に繁殖して，生態系全体のバランスを崩してしまい，在来種が圧迫されたり，絶滅したりするという現象が生じているのです。現在しばしば取り上げられるものに，ブラックバスがあります。ブラックバスは 1920 年代以降，北アメリカから人間によって放流されたのが日本での分布の始まりとされていますが，釣りの対象として人気が高いこと，食べてもおいしいことなどが原因で生息地を広げました。しかし，この魚は肉食性で多くの小さい在来の魚が激減する原因になっていると指摘されています。もっとも，主にバス釣りの愛好家からは，在来の魚の減少は，護岸工事や生活排水など人間の活動に伴うものだという指摘もあります。

　また，外来生物の問題としてもう一つ取り上げられるのが遺伝子攪乱の問題です。外来種が在来種と交雑可能，つまり次世代を残すことができるなら，その地の遺伝子プール，つまりその地に住んでいる個体群の中に見られる遺伝子の変異全体が変わってしまい，その結果，もしそこに固有の種があった場合にはその種がなくなってしまうのではないかというのです。たとえば，タイワンザルはニホンザルと交雑可能なのですが，現在和歌山県で野生化したタイワンザルとニホンザルが交雑したサルが産まれたことが確認されています。これを受け，和歌山県はタイワンザルと混血したサルをすべて捕獲して安楽死させることを決めました。それは，タイワンザルの流入により生態系が攪乱されること防止する，というのが理由の一つになっています。

　しかし，これについては異論もあります。つまり，もともと交雑が可能ということは，ニホンザ

ルとタイワンザルは遺伝子に多少の違いはあっても同じ種である，だから，タイワンザルの流入では生態系は変化していない，というのです。むしろ，それによって生物の多様性が増しているのではないかという議論すらあります。

　この点についてどう考えるべきでしょうか。実は，専門家の間でも意見が分かれています。ポイントは，タイワンザルとニホンザルを別な種と考えるかということ，そして交雑によって多様性が保たれるのか，損なわれるのかということです。それは「種」という概念をどう捉えるかの違いのように思われます。つまり，交雑して子孫を残せるならば同じ種であるという種の定義を厳密に適用するならば，そもそもニホンザルとタイワンザルの違いはないので生態系も攪乱しないし，多様性も増えないと考えるのです。しかし，生物の多様性は先に述べたように，種のレベルだけでなく遺伝子のレベルでも考えることができました。すると，少なくともタイワンザルの流入は，和歌山のサルの遺伝子プールを多様にするということはいえるのではないか，だから多様性という観点からはそれを増すものではないかと考えられるのです。

●ノートの例

書けなかったところは，あとから書けるように空ける

わからなかったところに「なぜ」の疑問

説明不足のところはあとから調べられるようにマークする

因果関係を矢印で示す

対立する説を図示する

意見には誰の意見かを添える

8 拡散的に考える

8-1 読むことと考えること

■ 読むときに何をするか

7-4節で，本を読むことで情報を収集することの必要性を述べました。では，本を読むときには何をすればいいのでしょうか。何を考え・何に注意して読めばよいのでしょうか。読むなどというのは目を開けていればできるのだ，とか，読むときには内容に注意すればいいのだ，などと片づけずにちょっと考えてみましょう。

■ 読むときに行っていること

右ページにある文1を読んでみましょう。そこに何が書かれていたでしょうか。

おそらく，何が書かれているのかピンとこない，「装置」とは何か，「必要なもの」とは何か，一つ一つの言葉はわかるのに，全体としてみるとわからない，そんな印象を持つのではないでしょうか。それは，ちょうど難しい構文の英語の文を読むときのわからなさに似ています。一つ一つの単語の意味は辞書を使えばわかります。しかし，単語の意味は重層的で多義的です。だから，それを組み合わせてどんな意味になるのかがピンとこないのです。そんなとき，「装置」とか「必要なもの」が何か，一言聞けば全体が腑に落ちるはずです（文2）。

すると，私たちが本を読んでいる最中にやっていることは次のようになります。

- まず，何についての文か，全体の枠組を知り，
- それに関する知識群を思い出し，
- それに欠けている知識を付け加えたり，違っている点を修正したりして，新しい知識群を作り出す

ということです。言い換えれば，読むとは，文章から新しい知識を取り入れるという作業なのです。

■ 知識の獲得に必要なもの

読むとは文章からの知識獲得です。それは，すでに持っている関連する知識に付け加えたり，修正したりしながら自分の知識を豊かにしていくという行いです。そのため，それを上手にするためには，自分の知識とのずれを意識して読み進めることが重要になります。

そのためのコツは，「疑問を出す」ことです。疑問は自分の知識に欠けているものはないか，自分の知識と本からの情報に矛盾はないかを考えるためにきわめて有効です。疑問が出ない文は，やさしすぎて内容をすべて知っている本か，逆に難しすぎて自分は何がわからないのかわからない文のどちらかでしょう。それは選んだ本が悪かったのです。自分の持っている知識のレベルに合致した本を選んで自分の知識を変えていくことが重要なのです。

●文1

　その便利で大がかりな装置を利用してあなたの目的を達するのは簡単である。まず，自分の最終目的が何か確かめる。そのためにはそれがどこにあるのかを知り，そこから一番近いところではどこで装置が利用可能かを調べる必要がある。もっとも，最終目的から一番近くなくても，現状を考えれば使われる別な道があるかもしれない。その装置を使い終わるところが決まったらそのために必要なものを買えばよい。といっても，毎日同じことを行うのならば選択の幅は広がるだろう。最初のうちは，道筋を間違えないようにすることが大切である。といっても，毎日のように同じことをしていれば，すぐにそれに慣れてしまうものなのだ。たいていの人はそれを繰り返して詳しくなっていくのである。

●文2

　電車に乗ってどこかに行くのは簡単である。まず，自分の降りる駅を確かめる。そのためには目的地がどこにあるのかを知り，最寄りの駅を調べる必要がある。もっとも，目的地から一番近い駅でなくても，家からの経路によっては最短となる路線があるかもしれない。降りる駅が決まったらそこまでの切符を買えばよい。毎日同じ場所に行くのならば切符以外にも選択肢があるかもしれない。最初のうちは，乗り換える駅を間違えないようにすることが大切である。といっても，毎日のように同じことをしていれば，すぐに乗り換えに慣れてしまうものなのだ。たいていの人はそれを繰り返して詳しくなっていくのである。

8-2 情報リテラシー

▣ 疑問を出す

　疑問にもさまざまな種類があります。ちょうど，事実と意見を区別したように，事実についての疑問と意見についての疑問があるわけです。もし，あなたがそこに書かれている主題についてあまり知識が多くないならば，まずは事実関係について知る必要があるはずです。そうでない限り，意見について疑問を出すこともできないでしょう。ですから，「いつ」「どこで」「誰が」「何を」といったような，事実についての疑問を出し事実関係について詳細に知ることが第一歩です。しかし，それらを知ったうえでより深くその主題について考え意見を持ちたいと思えば，「なぜ」と問うことが必要になります。それは，他の人を説得するためには根拠を明らかにする必要があり，そのために「なぜ」かを知らないといけないからです。

▣ 情報リテラシー

　いま，意見を持つためのコツとして「疑問を出す」ことを挙げました。これは今後のために非常に重要なことなので少し付け加えましょう。

　2016 年に熊本県で最大震度 7 の地震が 2 回発生し，直接の死者が 50 名以上，重要文化財の熊本城の石垣が崩れるなどの大きな被害が出ました。このときソーシャルメディアの一つ，Twitter（現在の X）で広く拡散されたのが，「地震のせいでうちの近くの動物園からライオン放たれたんだが熊本」という文字とともに街中を歩くライオンの写真を載せたツイートでした。このツイートはある報道によると 2 万回以上リツイートされたそうですが，実際には神奈川県に住む会社員によるデマで，この会社員はこのため逮捕される事態になっています（後に不起訴）。

　このような，ソーシャルメディアを通して拡散するデマを含めた，（意図的・非意図的いずれであっても）事実に反するニュースは現在フェイクニュースと呼ばれています。この年アメリカではドナルド・トランプ氏が大統領に当選しています。その大統領選挙では多くのフェイクニュースが飛び交ったことから，2016 年はフェイクニュース元年ともいわれました。誰でも手軽に情報が発信できることからソーシャルメディアはフェイクニュースの温床となりやすく，そのため重要な情報はまず事実（ファクト）かどうかをチェックすること，つまりファクトチェックが必要になります。新聞などのマスメディアの内容をはじめ影響力の大きな情報については，それを行う団体（日本ファクトチェックセンターなど）がありますが，日本ではまだファクトチェックの規模は小さく，ソーシャルメディアを含めるとすべての情報をファクトチェックすることはできません。

　熊本の事案でも，それを信じて拡散した人（信ぜずとも面白半分に拡散した人もいるでしょうが）とそうでない人がいたはずです。そのような違いはどこからきたのでしょうか。よく写真を見ると，この写真にはいくつか不自然な点があります（＝「疑問」が出ます）。まず，信号が見慣れない形をしています。また，歩道の縁石には "JORISSEN ST" と書かれています。これ（ST は street でしょう）を Google で検索すると，そのような名前の通りが南アフリカのヨハネスブルグにあるとわかります。そこで今度は Google 画像検索で "South Africa traffic signal" を調べてみると，支柱が黄色，周りが白く縁取られた（写真どおりの）信号機の写真が出てきます。報道を見ると，デマの本人は写真をインターネットで入手したものと述べているようで，実際に既存メディアがこのライオンの

名前や飼っている施設，なぜこのような写真があるのかをヨハネスブルグで取材して確認しています（朝日新聞による）。もちろん情報の受け手ひとりひとりはそこまではできませんが，提示された情報について，それがもし重大であればあるほど，鵜呑みにしないで一度立ち止まり，自分で正しいかどうかを考えることは可能ですし，必要なことなのです。

　大学の学びにおいて，ほかから得た情報についてこのような態度で臨むことは重要なことです。大量の情報の中には事実誤認もあれば意図的な嘘もあるでしょうし，未確定な意見もあるでしょう。そのなかから重要なことを選んだり，間違いに踊らされたりしないために，いま見たように頭を使う能力を**情報リテラシー**と呼びます。つまり，フェイクニュースに踊らされた人とそうでない人の差は，情報リテラシーを発揮したか否かの差なのです。

➡練習 **9**

●なぜと問うことが，なぜ大切なのか

ライオンが逃げたというデマツイート※

※「ハフポスト」2016年7月20日，
https://www.huffingtonpost.
jp/2016/07/20/lion-escape
_n_11081056.html

8-3 健全に懐疑する

■ 情報を吟味する

　情報リテラシーの大きな柱は，8-2 節で見たように「情報を吟味する」という働きです。「情報を疑う」とか，ちょっと難しく「懐疑する」といってもいいでしょう。「疑う」というと何か悪い印象の言葉ですが，これは情報の内容や出所をよく吟味することです。インターネットが普及して情報があふれている時代には，情報の海の中でおぼれないために情報の吟味が必要なのです。

　では，人から聞いた情報を何でもかんでも疑ってかかればいいのでしょうか？　そうだ，という意見もありますが，大学ではそこまでしなくてもかまいません。まず，前に述べた「事実」や「事実の類似物」まで懐疑する必要はありません。初学者が懐疑しなくてもいいように講義が作られているからです。また，「たいていの人が持っている常識」は，いまの段階では懐疑しなくてもいいでしょう。もちろん，そのなかには実はまだ正しいとわかっているわけではないこともあります。しかし，それを検証するのはもう少し専門的な知識が増えてからの話です。

　さしあたり，大学 1 年生としては以上挙げた以外の，未成熟な通説・意見について懐疑するくせをつけることから始めるべきです。このような態度を「健全な懐疑主義」とでも呼んでおきましょう。前に述べたように，大学とはそのようにして新しい知識を創っていく場所なのです。

■ 拡散的思考と帰納的推論

　では，健全に懐疑するためにはどのように頭を使えばいいでしょうか。

　これは大変難しい問題です。たとえば，「納豆を食べるとやせる」という説が話題になった場合，多方面の知識を動員してさまざまな角度から疑いをさしはさむことができます。つまり，「答えが一つに収束しない」のです。このような思考を**拡散的思考**と呼びます。拡散的思考は，自分の持っている知識のうち何が関係するかわからないので，その方法を定式化することが難しいのです。

　そこで，ここでは経験的にある程度は使えるチェックリストを右ページに挙げておきます。それを紹介してみましょう。ただし，チェックリストですから，すべてが妥当な疑問につながるわけではありません。なるべく網羅的に疑問を出すための道具として使ってください。それぞれ，「納豆ダイエット」説ではどうなるか考えてみましょう。

　このように，仮説をうみ出したり，個別の事例から一般的な法則を導いたりする推論は**帰納的推論**と呼ばれます。人間が新しい有用な知識を思いつく場合，たいていはこの帰納的推論を用いていることが多いのです。それを組織的に行う練習をすることは，今後みなさんが大学で新しい知識を学び・うみ出していくときに重要になっていきます。繰り返しますが，そこが高等学校までと大学の違いなのです。

➡**練習** *10*

●健全に懐疑するためのチェックリスト

一般化：それを一般化するとどうなるか

個別化：それを限定するとどのような結論になるか

例　外：それの例外はないか

反　例：その反例はないか

周辺事例：典型的でないものではどうなるか

変　化：それの一部を極端に変えてみるとどうなるか
　　　　大きく（小さく）したら・軽く（重く）したら・速く（遅く）したら・
　　　　材質を変えたら

類　似：それに似たものはないか，それではどのような結論だったか

（多湖輝『頭の体操 第 1 集』光文社，1966 年，pp. 23-24 をもとに筆者が改変）

●「納豆ダイエット」では……

Chapter 9 調べる

9-1 資料の探し方，辞典・事典の活用

■ 資料を探そう

　講義の予習・復習をしたり，レポートや卒業論文を書いたりするためには，その参考となる資料を探さなければなりません。この資料の中に，必要となる情報が数多く含まれているのです。それでは，どのようにして，このような資料を探せばよいのでしょうか。これから，その探し方を学びたいと思います。

　私たちが利用することができる，最も基本的な資料は，何といっても，**事典**でしょう。調べたい事柄がある場合，事典でその事柄を引けば，それに関する説明を読むことができます。とりわけ，事典はその事柄に関わる基礎的な知識を得るのに適している資料であるといえますので，わからないことがある場合は，とりあえず事典で調べてみましょう。

■ 事典の種類

　それでは，一般的に図書館で利用できる事典には，どのようなものがあるのでしょうか。まず，すべての分野に関わる事柄を調べることができる代表的な事典として百科事典が挙げられます。平凡社の『世界大百科事典』は印刷体（9-2節参照）のものが現在も入手可能です。また『日本大百科全書』（小学館），『ブリタニカ国際大百科事典』（ブリタニカ・ジャパン）などは，多くの図書館で印刷体が閲覧可能です。さらに，これらは現在ではデジタル資料が利用可能になっています。

　また，これ以外にも，事典には，文学，法律，経済，科学技術，音楽，美術など，もっぱら特定の分野にのみ関連する事柄を取り上げているものがあります。このような事典は，特定の分野のことを詳しく調べようとする場合に役立ちます。たとえば，科学技術のことを中心に調べようとするときに使える『科学・技術大百科事典』（朝倉書店）や『マグローヒル科学技術用語大辞典』（日刊工業新聞社）などです。

■ 辞典と事典の区別

　このような事典（辞典）では，書名だけでは似たように思えるものでも，編集方針が異なる結果内容がいくぶん違うということがあります。上記2点を比較すると，「辞典」と銘打った後者は数多くの用語（＝「言葉」）が掲載されているだけに，一つ一つの専門用語に関する説明が簡略化されています。これは，「辞典」というものが，その性質上，調べる対象となる「事物」に関する情報一般を説明している「事典」とは異なり，単にその「言葉」の発音・意味・用例などを説明するにとどまるからです。したがって，調べたい事柄に関するより詳しい情報を得ようとするのであれば，この「辞典」よりも「事典」を用いて調べた方がよいということになります。ただ，「事典」は一つの事柄に関してある程度詳しく説明するものですから，一般的に「辞典」と比べて，説明の対象として扱うことができる事柄が限定されてしまう傾向があります。他方，「辞典」は，一つ一つの「言葉」に関して，詳しい情報を伝えるものではなく，単にその「言葉」の意味を説明するのにとどまるため，説明を簡略化することができ，その分，多くの用語を掲載することが可能とな

ります。したがって，「事典」に掲載されていない事柄でも，「辞典」を用いれば，調べることができる場合もあるわけです。そうであるならば，その「言葉」に関して，特に詳しい情報を必要とせず，単にその意味のみを知りたいような場合には，「事典」よりも「辞典」の方が適しているといえるでしょう。このように，「事典」と「辞典」では，各々，特徴が異なりますから，その目的と用途に応じて使い分けることが肝要です。

■ インターネット上の事典

　このほかにも，インターネット上ではさまざまな事典を利用することができます。そのなかでも，特に多くの人々によって利用されているものが「Wikipedia（ウィキペディア）」でしょう。しかし，この「Wikipedia」には，情報としての正確さや信憑性という点において大きな問題があります。これについて，後で詳しく触れることにします。

●辞典と事典の違い

- 辞典：「言葉」に関してその発音・意味・用例などを説明しているテキスト
- 事典：「事物」に関して説明しているテキスト

●辞典・事典の形態

- 印刷体の辞典・事典
- CD-ROM 化，DVD-ROM 化された辞典・事典
- インターネット上で配信されている辞典・事典

●事典の種類

- 総合的な分野を扱う事典：百科事典
- 特定分野のみを扱う事典：文学事典，科学技術事典など

9-2 図書館・蔵書検索

◼ 資料の形態

　そもそも，私たちが参考にすることができる資料には，二つのタイプのものがあるといえます。その一つは，単行本，雑誌，新聞などといった，紙に印刷された資料です。このような資料を**印刷体資料**と名づけることができるでしょう。もう一つは，CD-ROM や DVD-ROM などといった記録媒体，あるいは電子書籍やインターネット上に配信された情報といった，コンピュータを利用して見ることができる資料です。このような資料は**デジタル資料**ということができるでしょう。

　図書館には，さまざまな印刷体資料が所蔵されていますが，最近では，印刷体資料のみならず，電子書籍などデジタル資料を所蔵したり，出版社と契約して学術雑誌論文の閲覧やダウンロードができるようになっていたりします。私たちはこのような図書館を利用することによって，必要な資料を手に入れることができるのです。ただ，図書館といってもさまざまなタイプのものがありますので，私たちが利用できる図書館には，どのような種類のものがあるのかを知っておく必要があります。

◼ 図書館の種類

　まず，私たちにとって，最も身近で，利用しやすい図書館といえば，自分が通っている大学の図書館でしょう。しかし，自分の大学の図書館だけでは，蔵書が限られていますので，探している資料が手に入らないことがあります。そこで，他大学も含めた大学図書館などを利用してみるのも，一つの方法といえるでしょう。一般的に，大学の図書館は専門的な学術書や学術雑誌などを数多く所蔵していますので，より専門的・学術的な資料を見つけるにはもってこいです。ただ，他大学の図書館は一般に公開されていないことも多いので，利用するためには，自分の所属している大学の図書館に紹介状を書いてもらうなど，特別な手続きをとらなければならないことがあります。

　これに対して，各地方自治体が運営している公共図書館は一般に公開されており，利用しやすいものといえます。大学の図書館と比べて，学術的な図書よりも一般向けの図書が充実しているところが多い傾向がありますが，図書館によっては学術図書が充実しているところもありますので，大いに活用していただければと思います。

　また，蔵書の多さを誇る図書館といえば，国立国会図書館があります。他の図書館で探して見つからなかった資料も，ここでならば，見つかるかもしれません。ただ，気をつけていただきたいのは，この図書館では，本を借りて，自宅に持ち帰ることができないということです。その代わりとして，必要な資料の部分を複写することになります。なお，あらかじめ利用登録をしておけば，自宅からでも複写を申し込むことができるので便利です。

　その他，専門図書館というものもあります。これは特定の分野に関する資料を重点的に揃えた図書館で，たとえば，週刊誌など，大衆的な雑誌が多く揃っている大宅壮一文庫などを挙げることができます。

　なお，日本の図書館のリンク集もありますので，これを利用することによって，自分の目当ての資料がありそうな図書館を見つけることができます。一度，試してみてください。

■ 蔵書の検索

　実際に図書館に行ってみて，本棚に並んでいる本の中から，参考になりそうな本を探し出す作業も楽しいものですが，たくさんある本の中から探すとなると，たいへんな労力が必要となります。そこで，簡単に求めている本を探し出すために，コンピュータ端末によるオンライン蔵書目録検索システム（Online Public Access Catalog：OPAC）を利用することができます。各図書館のOPACを利用すれば，探している本の名前をコンピュータに入力するだけで，それが今使っている図書館のどこに所蔵されているのかがわかるのです。

　また，スマートフォン（もちろんPCでも）のウェブブラウザから，国内の他大学の蔵書を検索できるCiNii Booksのシステムを利用することもできます。このシステムを利用すれば，自分の大学の図書館が所蔵していない本についても，どの大学の図書館に所蔵されているかがわかります。さらに，国立国会図書館の蔵書についても，同じような蔵書目録検索システム（NDL-Search）があります。

●**資料の形態**

- 印刷体資料：単行本，雑誌，新聞
- デジタル資料：CD-ROM，DVD-ROM，インターネット上に配信された情報

●**図書館の種類**

- 大学図書館
- 公共図書館
- 国立国会図書館
- 専門図書館

●**蔵書検索システム**

- 大学図書館の蔵書目録検索システム（OPAC）
- CiNii Books
- NDL-Search

●**参考リンク**

- 日本図書館協会：図書館リンク集
  https://www.jla.or.jp/link/tabid/95/Default.aspx
- CiNii Books：日本の大学図書館所蔵本の串刺し検索
  https://ci.nii.ac.jp/books/
- 東京都立図書館統合検索：国立国会図書館・都立図書館・都内区市町村立図書館の所蔵・貸出状況の串刺し検索
  https://crosssearch.library.metro.tokyo.lg.jp

9-3 インターネット検索

● インターネットで検索する

　いまや検索するといえばインターネット検索を意味するくらい，インターネット検索はポピュラーになりました。高等学校でも教えますから，Yahoo! Japan や Google のような検索エンジンを用いた検索をまったくやったことがないという学生の方が少ないでしょう。ですから，インターネット検索が何かについて詳細には述べませんが，それが主にウェブ（World Wide Web：WWW）上のさまざまなリソース（情報資源）にアクセスするためのリンク（Uniform Resource Identifier：URI）を表示してくれることがわかれば十分でしょう。ここでは，インターネット検索の特徴と問題点を挙げておきましょう。

● インターネット検索の特徴

　今のインターネット検索はほとんどがフリーワード検索，つまり（いくつかの）文字列を検索窓に入れてクリックすると，その語を含むウェブページのリストを，検索エンジンが関連が深いと評価した順に表示してくれるものになっています。自分が知りたいことを含むページがヒットすることが多く非常に便利ですが，使ううえではいくつか知っておくべき特徴があります。

(1) 情報を一元的に管理している主体がいない

　図書館には司書がいて本を管理していますし，書籍には著者以外にも出版社の編集者がいてある程度内容をチェックしています。しかし，インターネット上ではネットワーク全体を管理している人もいなければ，個々の情報についてチェックしてくれる人もいません。

(2) 情報の更新の時差

　フリーワード検索の結果には，検索エンジンが動かしているクローラと呼ばれる巡回ソフトがそのページを調べたときの情報が反映されています。そのため，ウェブ上のページの内容を更新してから検索エンジンの検索結果にそれが反映されるまでに時差があることがあります。

● インターネット検索の問題点

　上に掲げたような理由から，今のインターネット検索にはいくつかの問題点もあります。

(1) 情報の信憑性の問題

　新聞社や学術系出版社など旧来のメディアが発信する情報は，ある程度の信憑性を持つことが社会的に合意されています（もちろんすべてを鵜呑みにしてよいということではありません）。しかし，インターネット検索の結果はそのような社会的合意はまったくありません。検索結果の中には偏った意見，悪意を持って歪曲したフェイクニュースなどもあるかもしれません。

(2) プライバシー・個人情報流出のリスク

　ウェブ上には悪意を持って利用者の個人情報を収集しようとしているページ（たとえば，フィッシングと呼ばれるような，銀行などのページを装って口座のパスワードなどを収集しようとするページ）もあります。また，そこまで悪意はなくても，ウェブページには利用者が訪れたサイトや閲覧した商品を記録したり利用履歴ファイル（cookie という）を残したりするものもあります。これは，利用者にとってみれば，入力の手間を省いたり関心を持った商品を勧めてくれたりする利点もありますが，自分の関心が気づかないうちに人に漏れる，プライバシーや個人情報の流出リスクが

あるということでもあります。

(3)　生成 AI との連動

　2022年後半くらいから本格的に実用化されてきた生成 AI は，画像生成ならキーワードを入れるとそれを反映してコンピュータが新規に作成した画像を，文章生成ならそのキーワードを反映した，しかしまだ人間は誰も書いたことのない，コンピュータが作った文章を返してくれるという機能を持ったソフトウェアです。一部のブラウザや検索エンジンではこの生成 AI を取り入れ，言葉で質問すると複数のウェブページを参照しながらその質問に対する答えの文章を作文して返してくれる，画像をリクエストすれば見たこともない画像を作成して返してくれる，という機能が実用化されています。これらは非常に便利ですが，使い方によっては著作権の侵害につながったり，フェイクニュースのもとになったりしかねません。そもそも文章生成 AI が作る文章の内容が正しい保証はまったくないのです。生成 AI の利用については，その機能について理解をしたうえでの十分な注意が必要です。

◼️ インターネット検索とつきあう

　このような問題点はありますが，だからといって今後インターネット検索をしないという選択肢はあり得ません。大学生としてインターネット検索や生成 AI についてその問題点や利用上の注意点を認識したうえで，弊害を減らし有効に使いたいものです。

▶▶ *Column*　　Wikipedia と ChatGPT

　Wikipedia(ウィキペディア) は誰でもが編集できるウェブ上の百科事典です。誰もが内容を編集できることから書籍版の百科事典に比べて情報更新が早く，また項目も多いので (さらには無料でどこにいても使えるので)，レポート作成のために使う大学生が多くいます。

　一方，生成 AI の代表格である ChatGPT(チャットジーピーティー) は上にあるように，こちらからの言葉の入力に対して文章を生成して返しますので，こちらからの入力が質問であればそれへの回答 (として読める文章) を返してくれます。こちらも利用者が激増しています。

　ただし，これらのウェブサービスには問題もあります。まず，そこに書かれている情報が正しい保証はありません。Wikipedia には責任編集者がいないので，誤った情報が載ってもそれが修正される保証がありません。ChatGPT にいたっては新しい文章を「生成」するのですから，その文章が正しいかどうかについての保証はまったくなく，間違ったことをあたかも正解であるかのごとく返してくること（ハルシネーション）があります。また，Wikipedia は誰でもが内容を編集できることから，政治的な問題などを含む事項では書き手の意見の違いによって常に内容が書き換えられ (編集合戦)，書き換えが停止されることもあるという問題もあります。

　つまり，Wikipedia や ChatGPT からの情報はレポート作成上で基本になる事実の認定という点で深刻な問題を含んでいるのです。これらを使うときにはそれをきちんと認識する必要があります。ここから，これらの情報のみによってレポートを書くなどということをしてはいけないのです。これらのみを情報源とせず，複数ある情報源の一つとして使う必要があります。

　なお，ChatGPT を含む生成 AI については，その使い方についてルールやガイドラインが出ている大学もあります。そのような場合はその大学の方針に従って使ってください。

9-4 さまざまな資料

■ 資料の区別

　資料はしばしば，一次資料と二次資料に区別されます。何が一次資料かということは研究領域によっても異なるようですが，その領域で研究を行うための最も基本的な資料が一次資料であり，それを探すための資料が二次資料と考えればよいでしょう。たとえば，文学を研究する学生にとって，一次資料は書かれた文学的作品であり，二次資料はそれらを一覧した書籍です。工学を研究する学生なら，一次資料は実際の実験データで，二次資料はそれを分析して出た結論をまとめた論文，さらには多くの論文の結果を解説した書籍などです。

■ 資料を作り出す

　もし，自分の知りたいことがすでに調査研究されていなければ，つまり二次資料を探しても一次資料にたどり着かなかった場合は，自分でそれを作り出すことになります。つまり，それを研究して発表するわけです。大学において知を創造するというのはそのような営みです。

　このように，さまざまな方法で資料を探すのは，もちろん，それが大学におけるこれからの学習のために必要なことであるからにほかなりません。ただ，注意していただきたいのは，単にそれが大学の勉強のために必要であるということだけではなく，私たちが，将来，社会生活を営んでいくうえで欠かすことのできないものであるということです。日常生活において，私たちは自分の知識と経験をもとにして物事を判断し，行動しています。その際，豊かな知識と経験があればあるほど，さまざまな観点から物事を捉えることができるようになり，的確な判断を下すことができるものです。そのためには，より多くの知識と経験を身につける必要があるのですが，資料を探すということも，その一環として必要なことです。つまり，資料を探す術があってこそ，はじめて多くの知識を会得することができるようになるのです。

■ 資料探求の実践

　最後に，情報収集の例を挙げましょう。たとえば，「国境炭素税」という言葉について調べるとします。新聞やテレビニュースなどで，この言葉を見たり，聞いたりしたことのある人もいるかもしれません。これは，気候変動問題とかかわっている事柄なのですが，同時にさまざまな問題点も指摘されています。それらを，ここで調べてみましょう。

　まず，辞典・事典で調べてみます。これで定義や問題となった時期，問題の概要などはわかりますし，カーボンプライシングと関係が深いこともわかり，さらにその信憑性についても判断できます。次いで，インターネット上の検索エンジンを用いて，この言葉を検索してみることにします。すると，公的な機関が出している制度の紹介，新聞などの旧メディアがどのようにそれを取り上げてきたかの記事，これに関する書籍や論文などとともに，関連企業や団体が特定の立場からそれについて解説しているページがみつかります。すると，制度の全貌とともに，導入しようとする側の意見と反対する側の意見があることがわかるはずです。それらを紹介する本を読んだり，サイトの記事を読んだりするなかで，あなたが国境炭素税についてどう考えるかがしだいにできてくるはずです。それが自分の意見を持つということなのです。　　　　　　　　　　➡レポート課題 *1*

●情報収集の例

「国境炭素税」について調べてみよう

事典など※1, ※2

日経新聞のウェブページ※3

日本貿易振興機構(JETRO)のウェブページ※4

経済産業省のウェブページ※5

※1 『朝日キーワード 2023』朝日新聞社，2022 年。
※2 『朝日キーワード 2024』朝日新聞社，2023 年。
※3 https://www.nikkei.com/article/DGXZQOUC085QZOY3A600C2000000/
※4 https://www.jetro.go.jp/biz/areareports/special/2023/0801/a48cfe7206a68970.html
※5 https://www.meti.go.jp/shingikai/energy_environment/carbon_neutral_jitsugen/pdf
　　/001_02_00.pdf

▌▌▶*Column*　自分の大学の歴史を知るということ

温故知新

　古代中国の思想家，孔子（前551-前479）の有名な言葉に「温故知新」（故きを温ねて新しきを知る）というものがあります。これは，過去の物事を理解することを通じて将来への指針を見出す，といった意味で，歴史を学ぶことの重要な意義の一つとして，しばしば引用されてきました。

　さて，大学の歴史についても，同じことがいえます。現在，日本には，国公私立合わせて約800校の4年制大学が存在します。そのなかには，開校以来150年以上が経過している大学もあれば，まだ1期生が卒業して間もない新しい大学もあります。このように，大学の歴史は長短さまざまですが，自分の大学の歴史を知ることの重要性は変わりません。

長い歴史を持つ大学の場合

　まず，比較的長い歴史を持つ大学の場合を想定してみましょう。それらの大学には，長い年月の間に培われた「個性」がいまでも脈打っています。現在の大学の前身を見ると，官吏の養成を主たる目的とした学校，法学の専門家によって設立された法律学校，欧米の宣教師が開いた学校，あるいは理工系の技術者によって設立された学校などがあります。これらの学校に学ぶ学生は，無意識のうちに，上に述べた「個性」あるいは「校風」に影響されていくことが少なくありません。たとえば，前身が法律学校の場合には，卒業生の活躍に刺激されて法曹界を目指す学生が多くなる傾向が見られます。そこで，「なぜそういう伝統があるのか」「創立者は一体どんな人生を歩んだのか」といったことを意識して母校の歴史や当時の社会状況などを調べてみれば，あなたとあなたが学ぶ大学との距離はぐんと縮まるはずです。

歴史の浅い大学の場合

　次に，開校してまだ日の浅い大学の場合を考えてみましょう。現代の人気作家の一人，宮本輝氏（1947-）の小説に『青が散る』という作品（1978-82）があります。そこには，新設大学でテニスクラブを創りあげていく部員たちの青春群像が見事に描かれています。新設大学には，模範とすべき先輩もいませんし，長い伝統もありません。すべてゼロからのスタートです。前に述べた「伝統校」にはない種々の困難に直面することもあるでしょう。しかし，見方を少し変えてみましょう。この小説にもあるように，テニスクラブ，ひいては大学の歴史を創っていくのは，自分たち自身なのです。やがて，自分たちが大学を卒業して，社会人となっていく——それを繰り返していくうちに，大学の歴史が形成されていくのです。そうしてみると，大学の歴史と在学生との関係は，「伝統校」よりもさらに密接で，身近なものといえるのかもしれません。

自分の大学に誇りを持つ

　自分の大学の歴史を知り，自分もその歴史の創造に参加しているのだという意識を持つことは，自分が属する大学の学生として誇りを持って学んでいくうえでとても大切なことではないでしょうか。

第Ⅲ部
レポート・論文を書く

第Ⅲ部では，レポート・論文を「書く」ために必要なことについて，確認していきます。

まず，レポートや論文を書くとは，何をどうすることなのか，これを確認し，レポート・論文の構造について，おおまかに見てみましょう。具体的にはどういう形になるものか，実際のレポート例を見てみましょう。

次に，実際に書く際に問題となる，段落の作り方，文をつなぐ接続詞の使い方，事実と意見の書き分け方，明解に書くために気をつけることを確認していきます。その後で，レポート・論文を書くときに重要な「正しい考え方」について検討します。

最後に，レポート・論文には必ず必要になる，用紙の使い方，引用のつけ方，注と参考文献の作り方，そして提出前のチェックポイントを説明します。

10-1 「書く」とは何をすることか

◾ 書くとは

　第Ⅱ部では，情報を集める方法について学んできました。ここからは，集めた情報を使って，書くことを考えていきましょう。

　書くとは，「自分の言いたい何ごとかを，文字を使って，誰かに伝えること」だ，といえるでしょう。つまり，コミュニケーションの一つの方法です。これから最後の章まで，このコミュニケーションの中でも重要な，しかし少々難しい「書くこと」がテーマとなります。ここで，いつも頭に置いておいていただきたいのは，自分のやっていることは「誰かに何かを伝える」ということだ，という点です。

◾ 伝わらなくては意味がない

　コミュニケーションで大事なことは，何でしょうか。

　みなさんは，誰かに何か伝えたいこと・伝えなくてはいけないことがあるから，誰かに話したり書いたりする（コミュニケーションをする）はずです。ということは，自分の伝えたいことが，相手に伝わらなければ，コミュニケーションをしたことにはなりません。自分は伝えたつもりになっている，でも，相手は理解していない，あるいは誤解しているとしたら，このコミュニケーションは失敗です。

　このとき，「私の言ったこと・書いたことがわからないあなたが悪い」と考えるのではなく，むしろ，自分の言い方・書き方のどこが悪いのかについて考えてみましょう。

◾ 相手に伝えること

　もし私たちにテレパシーの能力があるならば，声や文字などを使って伝達するという面倒なことは必要ないでしょう。しかし残念ながらそんな能力はありませんから，自分の頭の中にある伝えたいことを言葉に乗せて，相手に伝えるしかありません。特に書くことは，文字という記号だけを使います。同じ言語を使っている限り，誰もが同じ文字を使い，共通の語彙と文法を使って，文章を書いています。それだけに，その「同じ」「共通」のルールを確実に身につけることが重要です。

◾ 書くことにまつわる相関関係──文書のタイプ，伝えたい相手，文書の内容

　右ページの図を見てください。私的と公的の違いは，「伝えたい相手は誰か？」ということと関わっていることがおわかりいただけるでしょう。

➡練習 *11*

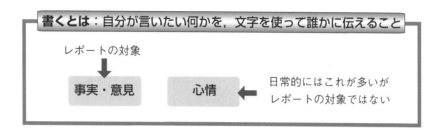

文書のタイプ	伝えたい相手
自分用のメモ	自分
大学での授業ノート	自分（時には友人?）
親しい友達，親，恋人などへの手紙やメール	親，友達など親しい他人
授業中に出す小レポート	先生
工場見学のレポート	先生（将来は職場の上司）
実験レポート	先生（将来は職場の上司）
卒業研究論文	先生
就職活動のときのエントリー・シート	会社の人事課員
就職活動のときの小論文	会社の人事課員
就職後の研究報告書	職場の上司
⋮	⋮

（左側：私的 ↕ 公的）

▌▌▶ *Column* **書くことの二つの側面**

　このテキストでは，もっぱらレポートや論文を書くことに焦点を絞って説明します。そのため，コミュニケーションの側面にポイントを置いており，（文学的）表現の側面については触れていません。書くことが好きな人は，おそらくこちらの側面に興味があることでしょう。「解剖台の上でのミシンと傘との偶然の出会いのように美しい」。これはロートレアモンという詩人の書いた有名な一節です。美しさの表現としてはかなり破格で，誰にでもすぐにピンと来るものとはいえません。このような表現は，必ずしもコミュニケーションを目的としたものではなく，書き手の側での冒険であるといえます。文学作品には必須といってもいい冒険ですが，レポートや論文ではこのような冒険ではなく，まずは確実に伝えることを主眼に置きましょう。

10-2 レポート・論文の目的

■ レポートは初めて？

　これからこのテキストの最後まで，レポートや論文を書くために必要な事柄を押さえていきます。レポートの構造という大きい方から徐々に細かい方へと話を進めていきます。

　まずは，レポートや論文の目的について考えてみましょう。

　大学生活を送るうえで，レポートを書くことは避けて通れない必須の作業の一つです。ところが，高校まではあまりレポートを書いたことがない，という人も多いかもしれません。そこにいきなり「レポートを出せ」と言われても，何をどう書けばよいのやら……。そこで，「おもしろかった」「感動した」といった心情だけを書く「感想文」のスタイルになってしまうことも，挙げ句の果て，「えい，インターネットの検索で引っかかったことを切り貼りすればいいや！」とか，「AI に書いてもらおう！」となってしまうことも，わからないでもない……と，これを認めるわけにはいきません。そこでまず，何のためにレポートを書くのか，つまりレポートの目的を明らかにしておきましょう。そうすれば，なすべきことも自ずと明らかになるでしょう。

■ レポートの目的

　レポート（論文）の目的は，確かめることができる（検証可能な）客観的な事実（資料・文献調査の結果や実験結果のデータなど）を根拠として，自分の言いたいことである意見の主張を行い，読み手を説得し納得させることにあります。その点で，そのレポート（論文）をもとに，討議をすることも可能なものです。単に，心情・気持ちの表明でもなく，あれこれの資料で調べたことや集めたデータの切り貼りでもありません。

　多くの教員は，提出された複数のレポートが同一であった場合，そのどれをも不合格にすることでしょう。なぜでしょうか。レポートには書いた人の意見・考えが示されているため，基本的には同一にはならないはずだからです。同じ資料に基づいて同じテーマでレポートを書く場合でも，授業で同じ実験をやって，結果（データ）が同一であった場合でも，**どのようにその結果を書くか**，これは執筆者によって異なるのが自然なことです。したがって，同一のレポートとは，カンニングと同じ意味になるのです。

　つまり，レポートは，意見の表明のためのものならば当然のこと，事実の報告が目的のものであってすら，どのように報告するかという点（情報処理の仕方）に書いた人の考えや考え方が示される，ということです。教員はそこを見ています。

76

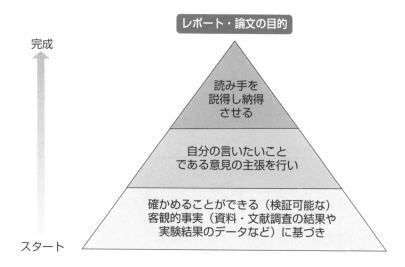

「おもしろい」は心情

遊園地Aと遊園地Bとのどちらがおもしろいかは，討論しても，ケンカになるだけ

感想文は，自分がそう思ったからそうなのだ！つまり心情でもよいが，検討・討議できない（生産的ではない）

「人気がある」は，アンケートが取れれば，客観的データに基づく意見

遊園地Aと遊園地Bとのどちらが若者に人気があるかは，議論する前にアンケートを取って判断でき，討論できる

レポート・論文は，根拠に基づいて考えたこと（意見）を書き，他の人と検討・討議できるものでなければならない

レポート・論文の目的

完成

読み手を
説得し納得
させる

自分の言いたいこと
である意見の主張を行い

確かめることができる（検証可能な）
客観的事実（資料・文献調査の結果や
実験結果のデータなど）に基づき

スタート

▶▶▶ Column　書き始める

　文章を書き始めるのは，なかなか億劫なものです。しゃべっていれば言葉も考えもいくらでも出てくるような感じがするのに，書くとなると原稿用紙のマス目や真っ白い画面を前にして硬直してしまう，というのはよく聞く話です（けれども，このテキストでは取り扱っておりませんが，きちんとしたプレゼンテーション（口頭発表）を行うとなると，書くのと同じように，なかなか大変です）。これは，おそらく，最初から一気に完全なものを書いてしまおう，と考えるからではないでしょうか。よほどの練達の士でなければこれは難しい境地です。まずはとにかく，頭の中にある自分の考えを全部文字にしてしまいましょう。そしてそれを，さまざまに並べ替えてみたり線でつないでみたり色分けしてみたり……という具合に図式化してみると，なかなか楽しいですし，楽しめればアイディアも湧いてくるものです。

10-3 レポートの構造

■ レポートの構造

　レポートは，一つの建物と同じように構造を持っています。土台が弱ければ，どれほど立派な結論でも，簡単に崩れてしまいます。あまり見たことのない珍妙な構造は，それだけで敬遠されてしまい，多くの人にそのレポートの主張を伝えることは難しいでしょう。肝心なのは相手に伝えることですから，勝負は内容ですることにして，構造については，型を守ることが大切です。

■ 全体の構造

　まず実際に作る前に，全体の構造を見渡しておきましょう。いずれはみなさんも書くことになると思いますので，まずは論文の形を見てみましょう。レポートも，基本的には同じ形を取ります。

　ここでは，どの専門分野でもおおむね共通している基本的な構造について見ておきます（右ページ参照）。これを知っておけば，あとは細かいところを分野に合うように変更すればすみます。

■ メールや LINE などでも同じ構造をしている

　少し難しそうに見えるかもしれませんが，よく考えてみると，私たちが，普段，誰かに何かをきちんと伝えたり説得したりしようとするとき，大体こんな形を取るものです。たとえば，先生にメールを送る次の例を見てください。なお，メールを送るときには，必ずメールのタイトルもつけましょう。

○○先生	➠（宛名を書く）
お世話になっております，○○学科の○○○○です。●月●日の△△△△の授業ですが，欠席させていただきます。	➠ **序論**：自己紹介と授業名をまず書き，伝えたいこと（結論）をまず述べる。
3 日前より発熱し，今朝の検温でも下がらないため，他の方にうつす可能性があるからです。	➠ **本論**：その結論を支える方法（体温を測った），結果（熱が高い），考察（うつす可能性）を記す。
そこで，本日は欠席させていただき，後日，授業資料を取りにうかがいたいと思います。	➠ **結論**：最初に示した結論を再度述べ，新たな提案を行う。
どうぞよろしくお願い致します。	➠（締めの挨拶を一言書く）

　メールや LINE などですら説得するためには序論・本論・結論という構造を取るのですから，レポートや論文でこの構造は必須です。レポートの場合，あらかじめこの順序を整理し，反論も予測して反論に対する反論も考えながら，多くの人に納得してもらえるようにレポート（特に本論の部分）を構造化しなければなりません。そのためには，理由や根拠を示し，それに基づいて適切に考えたことを，説得力がつくように適切に書く必要があります。レポートの構造は，この目的を果たすために最適なものなのです。

●レポート・論文の基本構造

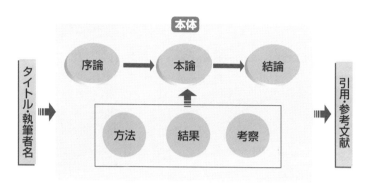

●学術論文の要素

○印がついているものは，レポートなどでも最低限必要なもの，それ以外は大きな論文で必要になるもの。

○ タイトル	論文の名前
○ 著者名	論文を書いたのは誰かを示す
要旨（抄録・梗概）	全体の要約
○ 序論	論文が扱うテーマ・問題（なぜこのテーマ，問題を扱うのか？　実験ならば，なぜこの実験を行うのか？），および結論の見通しを示す
○ 本論	論文の主要部分で，この内部構造は分野によって異なる。 ・次に示す三つは，理工系や社会科学系での基本パターン 　　**方法**：どのような方法で実験その他を行ったかを示す 　　結果：実験その他の結果のデータを示す 　　考察：実験その他の結果から，何がわかったかを示す
○ 結論，総括	全体を振り返り，この実験その他の新しさや意義を示す
謝辞	お礼の言葉を述べる場合につける。冒頭に置くこともある
○ 引用・参考文献表	論文で使用した資料のリスト
付録	表や詳細データ，実施したアンケート事例，実験機材データなど
図版	本論中につけるのが原則だが，印刷の都合などでつけられない場合，最後にまとめることもある

10-4 序論・本論・結論

レポート・論文の中心の各パーツについて，それぞれの役割を細かく見てみましょう。

■ 序論

序論は，レポートの入り口です。まず，読み手に，これから何を読むことになるか，簡単な見通しを与えておきます。

具体的には，

- テーマ
- レポートが論ずる対象や範囲，問い
- 導かれるであろう結論の見通し（これはなくてもよい）

などを簡潔に書きます。

■ 本論

本論はまさに本体ですから，相手に納得してもらえるように，議論をしっかりと的確に展開していくところです。この部分は，分野によってさまざまな構造がありえますが，ここでは，理工系や社会科学系などでの基本的なパターンを示しておきます。

- **方法**：どのような方法を使ったか（アンケート調査，文献調査，実験方法など）
- **結果**：得られた結果を簡潔にまとめる。内容に応じて図表なども使い，明確に伝わるように。ここではまだ，客観的な事実の叙述のみを行う。意見・主張は次の「考察」で。
- **考察**：上の結果をもとに，わかったことを述べ，自分の意見・主張もここで行う。

ここで気をつけるべき点は，次の三点です。

- 段落を，適切な推論によって結合する。
- 証拠（事実・参考文献からの引用・実験データなど）を，適切に提示する。
- 自分の意見を，証拠に基づいて，適切に主張する。

■ 結論，総括

ここでは，全体を振り返り，考察での主張の再確認などを行います。

具体的には，次のようなことを書きます。

- ここまでの議論の要約。ここではもう新しい材料は出さない。
- この要約から出てくる結論・主張のまとめ。
- もしあれば，論じるべきだったが論じられなかった問題の確認，今後の課題などを明示する。

➡ 練習 *12*

●作成のおおまかな手順

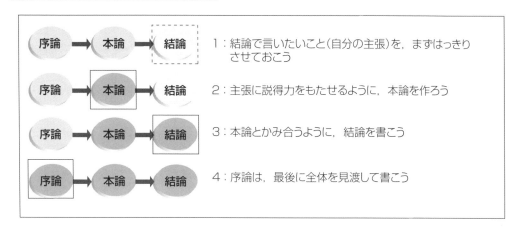

10-3 節で示した「メールや LINE などを書くときの例」と比べてみよう。

序論：お世話になっております，○○学科の○○○○です。●月●日の△△△の授業ですが，欠席
　　　させていただきます。
本論：3 日前より発熱し，今朝の検温でも下がらないため，他の方にうつす可能性があるからです。
結論：そこで，本日は欠席させていただき，後日，授業資料を取りにうかがいたいと思います。

これを書く前に頭の中で考えるとすれば，次のようなステップを踏むことになるでしょう。

1. 最初に，本日は欠席する，という結論を固める。
2. 本論で扱う事柄を選択し，体調の経過など書くべきことを決め（いつから発熱し今の状況はど
　 うか），これに基づく考察（他の人にうつす可能性）を行う。
3. 本論で得られた考察とかみ合うような提案を行う（後日資料を取りにうかがう）。
4. おおむねまとまったら，本日は欠席する，という結論を提示することから始める。

10-5 問いを立てる

■ 与えられたテーマや問題から自分の問いへ

　大学でレポートを書く場合，与えられたテーマや問題に関して，実験したり文献を調べたり調査したりし，それに基づいて自分の意見を表明することが多くなります。テーマや問題があらかじめ詳細に限定されている場合はよいのですが，たとえば「環境問題について」のような幅広いものの場合，どこから手をつけたらよいかわかりません。このような場合，まず自分なりに手がかりを見つけなければなりません。

　この手がかりになるのは，自分が疑問を持った点，つまり自分にとって**問い**として現れてきた点です。大学で課されるレポートは，基本的に授業での内容を前提にしています。ですから，まずは授業中にいだいた問い（疑問）を記録しておくことです（6-6 節参照）。また自分で文献を読む過程でも，さまざまな問いが出てくることでしょう。こうした問いが，レポートを書くときの手がかりになります。

■ 問いの絞り込み

　問いには，いろいろな水準があります。辞典や事典で答えが出る程度のものは，基本的にはレポートの問いにはなりません。一方，「環境問題をどう解決するか」では，問いが大きすぎて答えは漠然とした一般論で終わってしまいます。このような場合，自分が答えられる水準の問いに**絞り込む**ことが必要です。一口に「環境問題」といっても地球温暖化問題やゴミ問題や熱帯雨林問題などいろいろありますので，自分の関心に応じてたとえば「地球温暖化問題」を選択し，問いを「地球温暖化問題をどう解決するか」に絞り込みます。

■ 問いの分割

　こうして絞り込まれた問いは，よりさまざまな小さな問いに分割することができます。地球温暖化の現状は？原因は？現在の対策は？それは有効か？……などです（こうした問いの出し方は，8-3 節で示したチェックリストを参照してください）。分割された問い一つ一つに答えが出るように調べていき，調べた事柄に基づいて自分の意見を表明して答えを出していきます。この積み重ねがおのずと大きな問いへの答えとなるようにレポートを構成していきます。その過程で，大きな問いの方も，たとえば「地球温暖化の現状と対策の不備について」といった形に絞り込まれていきます。調査を通して問いは（何度でも）立て直したり絞り込み直したりさらに分割したり，と手を入れていかなければなりません。

　レポートや論文を書くという作業は，常に問い自体を問い直す作業でもあります。

☆右ページにレポートを書く際の作業のおおまかな流れを示しておきます。この順序で行わなければならない，ということではありません。むしろ実際にはあちこち行ったり来たりしながら，レポートが当初の構想から大きく変化していくのが普通です。

●レポートを書くときの流れ一覧

[1] 問いを絞り込み，分割する

（1）与えられたテーマや問題をひととおり調べ，自分が疑問を感じたところをチェックし，問いを立ててみる。

（2）立てた問いに答えを出すための資料を調べる。複数の資料に当たるのが基本。

（3）調べる過程で，問いを分割していく。この段階で答えの見通しは出てくるはず。見通しがつきにくいときには，問いを変えてみる。

[2] 書こうと思うことのメモをたくさん作る

（1）データや資料をたくさん集める。実験レポートの場合，実験データは詳細に記録する。

（2）集めた資料・データを分析し，問いの答えにつながる内容を要約してメモ用紙に書く。1枚のメモ用紙には一つの項目のみを記載する。同時に，気づいたことや思いついたこともメモしていく。これらのメモが自分の意見のもととなる。特におもしろいと思ったものには○印などの記号を決めてつけておく。

（3）メモには見出しをつけておく。見出しは，キーワード（単語）でもよい。必要に応じて，グラフを作成したり写真なども撮っておく。

（4）メモには，出典の記録やデータの記録，使った機材，試薬等々の必要な情報をつけておく。ないと後で資料や参考文献表を作るときに困る。

[3] ある程度メモが集まったら，論じる順番に従って配列する

（1）アウトライン（レポートの大体の流れ）を決める。この段階では，分割された問いや関連キーワード（単語）あるいは小見出しが並ぶことになる。

（2）配列の順序は，序論，本論（方法・結果・考察），結論，となるが，それぞれのメモをよく検討して配列する。議論があちこちに飛ばないよう，一定の秩序で展開するように考える。

 （a）主張・結論・根拠・補強・反論などの役割や性質によって配列を行う。

 （b）上下左右前後・遠近など空間配置の順序，あるいは昔→現代などの時間的順序，大→小などの量による順序による配列を行う。

（3）配列した結果，足りない部分がはっきり見えてくる（たとえば，結果が少ないなど）。その場合には，そこを追加する。

（4）それぞれのメモをもとにして，内容を説明した文や段落を作成する。

（5）文や段落をつなぎながら，配列もこれでよいかどうか考え，いろいろと並べ直してみて，最も説得力があると思われる形に仕上げていく。

[4] 徹底的に書き直す（推敲する）

（1）できれば2〜3日置いておき，新たな気持ちで見直す。

（2）14-5節のチェックポイントに沿って確認し，少しでも引っかかるところは書き直していく。

（3）全体の構造と部分の記述との整合性を確認する。

[5] 全体の体裁を整える

（1）見出しをつけ，全体の構造がはっきりとわかるようにする。

（2）文献表を作成する。

（3）14-5節のチェックポイントに沿って確認する。

10-6 レポートの準備

以下は，次章でのレポート例のための，準備段階での作業を示したものです。

┌─ 設　問 ─────────────────────────────────
│「環境問題」に関するテーマを一つ設定し，その対策について述べなさい。
└──

■ [1] 与えられたテーマや問題から自分の問いへ

- 太郎さんは「環境問題」について，何か考えなくては……と，レポートの課題を考えながら，夏休みに，田舎の祖母の家へ遊びに行った。
- 車中で新聞を読んでいたら，「国連気候変動に関する政府間パネル」による報告書の中で，温暖化の原因について，人間が出した温室効果ガスによる可能性が 95 〜 100％の確率だと報告されていると書いてあった。それならば，一人一人の人間がどうにかしなくてはいけないんじゃないかと思い，個人でできることって何だろう？と考えた。
- 田舎に行くと，猛暑のさなかなのに祖母は「クーラーは嫌いだから……」と言って，扇風機を使っていた。「暑くないのかな？」と思ったのだが，実際に扇風機の風に当たってみると，意外と涼しく感じ，これならクーラーはつけなくても大丈夫かもしれない……と思った。また祖母は，「電気代は安い」と言っていた。たしかに，扇風機の方が，クーラーより電気の使用量は少なそうだ。電気の使用量が少ないということは，それだけ CO_2 を使わないことになるんじゃないかな？と考えた。このあたりについて，考えることに決めた。

■ [2] 問いの絞り込み

　クーラーと扇風機の消費電力の違いをネットで調べてみたところ，説明しているウェブページによってばらつきがあったが，扇風機の消費電力はクーラーの約 1/10 〜 1/2 らしい。だとしたら，皆がクーラーを使わないで扇風機にするだけでも，かなり消費電力が減り，地球温暖化の原因になる CO_2 もそれだけ減らせるのではないか？　これなら，個人でも，地球温暖化に対応可能だ……それなら，ほかにも個人でできることはないだろうか？

　というわけで，太郎さんは，「地球温暖化と個人の対応」という題名で書くことにした。

■ [3] 問いの分割

1)「地球温暖化」とは，どういう問題か？　原因は何か？
　　（書籍，新聞，雑誌，ネットなど，さまざまな媒体で調べよう。）
2)「個人の対応」で，可能なこととしてまず，「クーラーを扇風機に」を考えたが，ほかにはないか？
- ガソリン車も CO_2 をかなり排出するはずだ。これへの対応は？
- 自動車の開発をしたいと思っている自分は，何ができるだろうか？
- 自分だけが対応をしても，あまり大きな変化は見込めないだろう。他の人も巻き込まなくてはいけない。そのためにはどうしたらよいだろうか？

●[1] 与えられたテーマや問題から自分の問いへ

- 日頃から，アンテナを張りめぐらして，考えるべき問題と関連する事柄には敏感になっていよう。
- 気がついたこと・思いついたことがあったら，すぐメモを取ろう。
- 情報はできるだけたくさん集め，適切に捨てよう。

  ☆最初から集めないで少ないのと，たくさん集めて少なくするのとでは，情報の質と意味が変わります。

●[2] 問いの絞り込み

- 一般的・抽象的な問題を，自分の周辺の出来事を素材にして考えてみよう。

  ☆特に何かと比較すると問題点が見えやすくなる。

  例：祖母の扇風機とクーラー

  　　父の自動車と兄の自転車

- 連想ゲームでも絞り込める。

  例：温暖化→原因は？（調べる）→人間の活動→どんな活動？（調べる）→（例えば）車に乗る・電力を消費する・料理をする・木を伐採する……→祖母が使っているクーラーの消費電力は？扇風機の消費電力は？（調べる）……

- 思い込みを捨てよう。

  例：個人で環境問題に対応できるわけない！

  　　自動車はガソリンでなければ動かない！

  　　扇風機なんて涼しいわけない！

  　　インターネットがなければ調べ物はできない！

●[3] 問いの分割

- 63ページの「健全に懐疑するためのチェックリスト」などを活用して，問いを分割しよう。

  例：「個人でできる対策」にはどのようなものがあるか？

    - 一般化すると：生活全般で何を心がければよいか？
    - 個別化すると：朝起きたときには何ができるか？　朝ご飯のときには何ができるか？通学途中では何ができるか？……
    - 例外を考えると：どうしても削れないものは何か？　電車に乗らなければ駅まで行けない。電車は削れないが，電車の電力はどうか？
    - 反例を考えると：個人では手に負えないものは？　途上国の排出制限反対をどうする？などなど……

➡レポート課題 *2*

11 レポート実例

■ レポートの解説

　左ページには，電大太郎さんが最初に出したレポートの例，右ページには，それを徹底的に直して，データなども補足したレポートの例を示しました。よく読み比べて，どこが違うのか，よく検討して下さい。

> 設 問
> 「環境問題」に関するテーマを一つ設定し，その対策について述べなさい。

■ 最初のレポート

（左1ページ）

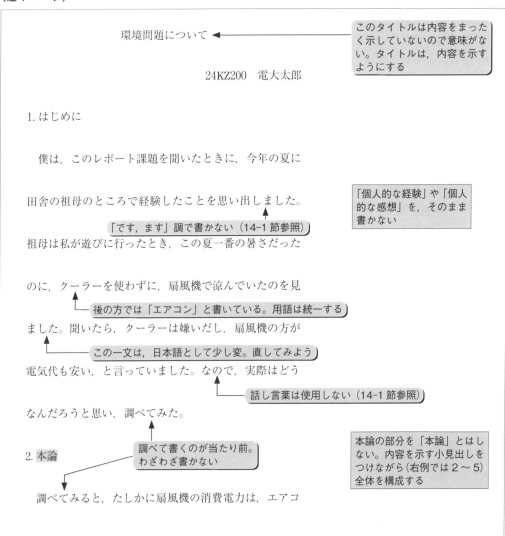

環境問題について

このタイトルは内容をまったく示していないので意味がない。タイトルは，内容を示すようにする

24KZ200　電大太郎

1. はじめに

　僕は，このレポート課題を聞いたときに，今年の夏に

田舎の祖母のところで経験したことを思い出しました。

「個人的な経験」や「個人的な感想」を，そのまま書かない

「です，ます」調で書かない（14-1節参照）

祖母は私が遊びに行ったとき，この夏一番の暑さだった

のに，クーラーを使わずに，扇風機で涼んでいたのを見

後の方では「エアコン」と書いている。用語は統一する

ました。聞いたら，クーラーは嫌いだし，扇風機の方が

この一文は，日本語として少し変。直してみよう

電気代も安い，と言っていました。なので，実際はどう

話し言葉は使用しない（14-1節参照）

なんだろうと思い，調べてみた。

2. 本論

調べて書くのが当たり前。わざわざ書かない

本論の部分を「本論」とはしない。内容を示す小見出しをつけながら（右例では2〜5）全体を構成する

　調べてみると，たしかに扇風機の消費電力は，エアコ

完成したレポート

　タイトル・番号氏名は含めず，本文・注・小見出しの合計 2,693 文字。このうち，「　」による引用は 243 文字，全体の 9 パーセント。

（右 1 ページ）

地球温暖化問題と個人の対応　◀──　タイトルで内容をある程度明示する

24KZ200　電大太郎

小見出し

序論

1. はじめに

　このレポートでは，環境問題のなかでも特に SDGs の目標 13「気候変動に具体的な対策を」とかかわる地球温暖化問題を取り上げ，個人がこの問題にどのように対応できるか，という問題に絞って考えていく。地球温暖化の問題は，一見すると国家レベルの問題であって個人で対応できるような問題ではない，と考えられがちである。しかし，それでもあえて，個人に可能なことは何かについて考えることで，この問題をわれわれに身近な問題として設定し直すことが，このレポートの課題である。

> レポートの目的を最初に明記し，説明をする。まだ細かい議論には入らない（10-4 節参照）

> 最初に言葉の定義をし，これから自分が書くテーマの概要や状況を，客観的なデータや資料に示された事実に基づいて説明する（10-4 節参照）

小見出し

本論　以下

引用の仕方・つなぎ方に注意！（14-3 節参照）

2. 地球温暖化がもたらすもの

　地球温暖化とは，「人間の活動が活発になるにつれて〈温室効果ガス〉が大気中に大量に放出され，地球全体の平均気温が急激に上がり始めている現象のこと」[1] を意味する。

　この地球温暖化の結果として予測される事態について，環境省のホームページには，氷河融解と海面上昇，生態系への影響，食糧不足や健康への影響などがあげられている [2]。いずれもわれわれの生活に直結する問題ばかりである。つまり，この地球上に私たちが生き続けていくための持続可能な社会を作るために，解決しなければならない重要な問題である。

> 事実に基づいて意見を述べる（第 6 章，第 7 章，12-3 節，12-4 節参照）

> 前段末尾の課題を受けて，冒頭の 2 文で，主張を述べている（12-1 節参照）

小見出し

3. どのような対策が可能か

> はじめに問題提起を行うと，次のトピック・センテンスを導きやすい

　この問題を解決するにあたってもっとも大事なことは，温室効果

（左 2 ページ）

ンの約半分だった。また，そこには，エアコンの温度を

2 度上げると，10％の電力消費が抑えられるとも書いて

あった。逆に，今年の冬のように寒いときには，暖房の

温度を下げればいいのだろう。そういえば，この夏の猛

連想で話をつながず，論理でつなぐ（第 13 章参照）。そもそも，この文章自体が日本語になっていない

暑と，それがいつまでも続く状態と，いきなり寒くなっ

て，厳冬になった。この異常気象の状態も，テレビによ

れば，地球温暖化が原因だと言っていた。というか，地

意味のわからない接続の仕方をしない（12-2 節参照）

球温暖化というのは，人間の活動が活発になるにつれて

放出される大量の温室効果ガスのおかげで，地球全体の

気温があがることである。これがこのまま続くと何が起

こるかというと，水災害が増えたり，海面が上昇して国

がなくなったりするそうだ。それなら，人間の活動を止

めれば良い。でもそんなことは不可能だ。だとすれば，

一人一人の人間の活動を，少しだけ我慢したら少しはま

しになるのかもしれない。でもそんなことは，国がやる

べきことだろう。大体，僕一人が我慢しても，海面上昇

引用部分を「」でくくり，何のどこに書いてあるのかを，注にして示す（14-3 節参照）

テレビでも何月何日の何という放送かを明記する。不明なときは使用をあきらめ，出所のはっきりした資料を探す（14-3 節参照）

引用部分を「」でくくり，何のどこに書いてあるのかを，注にして示す（14-3 節参照）

このあたり，頭の中で考えたことを，頭に浮かんだ順番で書いてはいけない。一度書き出すのは良いが，レポートではそれを再構成しなければならない

（右2ページ）

ガスの発生を抑制するか，できることなら減少させることである。

なぜならば，上に引用した文章にもあるように，地球温暖化の原因は，温室効果ガスの増大にあるからである。特に，「工業化時代以降の温室効果ガスの増加による放射強制力のうち，二酸化炭素の寄与は64％と評価され」[3]，最も大きくなっている。

したがって，二酸化炭素の排出量を減少させ，さらには出さないようにすることができれば，全体として，地球温暖化対策としては有効であるに違いない。実際，2020年，日本政府も温室効果ガスを全体としてゼロにする「カーボンニュートラル」を目指すことを宣言している。その具体的な対策として示されているのは，発電などの化石燃料を使用する機関のかわりに再生可能エネルギー開発を進めること，代替フロンの排出抑制対策の推進，公共交通機関の利用を促進することなどである[4]。

このような対策を個人で行うことは，一見困難であるように思われるが，少しでも可能性があるならば，対応するべきである。その可能性について，次に考察する。

> 小見出し

4. 個人による対策の可能性

個人による対策は，基本的には個々人のある程度の抑制に依存することになる。たしかに，この問題は地球規模の問題であるため，3に挙げたような，国レベルでの施策に頼るしかなく，個人に可能な貢献は小さいのではないか，とも思われる。たとえば，個人が，自動車の使用を控えて公共交通機関を使うにしても，そもそも公共交通機関が整備されていなければどうしようもない。あるいは歩いたり電気をまめに消したりしたところで，どれほどの効果があるのだろうか。けれども，2005年，環境省の主導で始められ現在も続いている「クールビズ」運動の初年度には，「例年より冷房設定温度を高く設定したことによる二酸化炭素削減量は約46万トン－CO_2

左側の注釈（縦書き）：

「なぜならば」以下で，主張の説明を事実に基づいて行っている

「たしかに」～「けれども」で，譲歩を使う。反対意見を書き，それをさらに反論するデータ（事実）を示すことで，説得力をあげている（12-2節，12-4節参照）

右側の吹き出し：

引用文の途中でこのように切ることもできる

前パラグラフの「事実」を受けて，「したがって～違いない」で推論を示す。次にその推論をさせる事実を明示する（12-4節，13-1節参照）

1～3を受けて，レポート課題に答える準備をする

（左3ページ）

を止めて，国を一つ救うことなんかできない気がする。

大体，そんな辛いことはやりたくない。でも扇風機とク

> 個人の気持ち（心情）は書かない（7-1 節, 10-2 節参照）

ーラーのことを考えると，まったく無理というわけでも

ないかも…。それならどんなことが可能なんだろうか，

> 文は完結させる

と考えてみると，大事なことは，やはり仲間を増やすこ

とだと思う。みんなでやれば，効果が上がるはずのこと

は，ほかにもあるだろう。普段の生活の中で，扇風機と

クーラーのことからもわかるように，夏ならばクールビ

> ここから本論の最後まで，頭に浮かんだ順に書いているので良くない。書いている人の頭の中に浮かぶ順番が，読む人の連想する順番と同じとは限らない（第 12 章, 第 13 章参照）

ズのような涼しい格好をすれば，クーラーの温度を上げ

ても暑さをしのぐことができるだろう。あるいは，でき

るだけ公共交通機関を利用するのも良いはずだ。それか

ら，僕は工学部で自動車のエンジンの勉強をしているの

で，この分野で水素エンジンのような二酸化炭素を発生

させない動力機関を開発していきたい。そうすれば，二

> 自分のことを議論と関連づけて書くときにも，なるべく客観化して書く（10-2 節, 12-4 節参照）

酸化炭素も減らせると思います。

> また「です，ます」調に戻ってしまった（14-1 節参照）

（右 3 ページ）

（約 100 万世帯の 1 ヶ月分の CO_2 排出量に相当）」[5] という効果が
あったという。もちろん，これは事業所の対応にもとづく成果からの推計
値であるため，個々人がどのような努力をしたかを示すものではない。

　しかし，これを個人の努力によって行うことも可能である。環境
守によれば，「エアコンの温度設定を 2 度上げることで約 10%，エ
アコンを消して扇風機に切り替えることで約 50% の電力消費が抑
えられる」[6] という。各人が少しだけ我慢することで得られる全
体としての大きな効果があることが想定できる。だとすれば，個人
による対策にも十分意味があると考えられる。

〔吹き出し〕引用の仕方に留意しよう

〔吹き出し〕小見出し

〔吹き出し〕レポート課題に対する回答を示すことを予告する

5. 個人による対策の具体的な提案

　以上のことをふまえて，この問題に対して個人ができることとし
て，生活スタイルの見直し，問題を皆と共有すること，個々人の活
動分野での実践，という三点を提案したい。

〔吹き出し〕本論中の結論を出す部分。意見を述べる場合でも，事実に基づいて論を進めている

　まず，日常生活の中で，二酸化炭素の排出につながらないような
生活スタイルを作ることである。たとえば，必要がないときには自
動車に乗らない，できるだけ公共交通機関を使う，またゴミを出さ
ないような買い物の仕方をしたり，さらには，リサイクルが簡単に
できるようなものをできるだけ買うようにするなどである。

〔吹き出し〕いくつかの項目を並列させるときには，明確に分ける。箇条書きではなく，文章で書く

　第二に，この問題を多くの人に知ってもらい，それぞれができる
努力を少しだけでもしてもらうようにすることである。なぜなら，
多くの人がこのような生活スタイルを取ることによってこそ，効果
が期待できるからである。この点で，自分の周辺で，友人と話し合
ったり調べてみたりすることも大きな意味のあることだろう。

　最後に，個々人が自分の関わる活動分野で，この問題のことを考
えながら活動に当たることである。たとえば，自動車の開発に携わ
る場合であれば，すでに開発されている電気自動車の性能を向上さ
せたり，水素エンジンのような二酸化炭素を発生させない動力機関
を開発することで，貢献することができるのではないだろうか。

〔吹き出し〕自分のことを言う場合でも，「私は…」などは使わずに，極力客観的に記述する（12-4 節参照）

（左 4 ページ）

3. おわりに

　　地球温暖化の問題について考えるに当たっては，その

ほかにも風力発電や地熱発電などを積極的に開発するこ

とも考える必要があると思う。あるいは普段の暮らし方

の中で，ゴミを出さないようにしたりすることも大事だ

ろう。このレポートを書いてみて，これからは，僕も地

球環境のことを考えて生きていきたいと思いました。

> 結論部分は，ここまでのまとめであるから，新しい材料は出さない。出すべきものは，本論中に出して論じておくこと（10-4 節参照）

> レポートの最後を自分の決意で結ぶと感想文になってしまう

またまた「です，ます」調に戻ってしまった（14-1 節参照）

◐ 全体コメント

書き出し：「1. はじめに」のところでは，一気にテーマを明示し，個人的な話を書く必要はありません。

小見出し：「2. 本論」という小見出しは内容を示していないので無意味です。小見出しで内容がある程度わかるようにしておきます。

段落構成：上の例では「本論」はただ一つの段落でできています。しかし，いくつかの内容からできています。にもかかわらず，思いつきの順番で並んでいるので，相互の関係がわかりにくくなっています。ここは，主張の証拠や根拠を示しながら，一つのトピックに一つの段落をパラグラフ・ライティングの形式で書きます。さらに，内容のまとまりごとに小見出しをつけて，構成します。

部分のつなぎ方：上の例では示せませんでしたが，新しい章や節に入るところで，いきなり個別の話に入ってしまうと，読んでいる方はちょっと面食らいます。新しいところに入るときには，何がテーマになるかについて，最初にまとめておきましょう。

例：下線部を参照。

　5．個人による対策の具体的な提案
　　　以上のことをふまえて，この問題に対して個人ができることとして，生活スタイルの見直し，問題を皆と共有すること，個々人の活動分野での実践，という三点を提案したい。
　　　まず，日常生活の中で，二酸化炭素の排出につながらないような生活スタイルを作ることである。たとえば，必要がないときには自動車に乗らない，できるだけ……

注と文献表：何もありませんので，これを読んだ人が興味を持っても，自分で調べることができません。使った資料はすべて明示しなければなりません。

92

（右 4 ページ）

〔小見出し〕

〔結論〕

6. おわりに

　以上見てきたように，地球温暖化は地球全体の問題であるが，自然に起こった問題ではなく，人間の活動が活発になるにともなって発生した問題である。その点で，問題は大きいにもかかわらず，一人一人がその活動の中で出来ることをする以外に対策はない。Think Globally, Act Locally（グローバルに考え，ローカルに行動せよ）というよく言われる言葉を，常に頭に置いておくことが必要なのである。

〔最後に全体を振り返り，まとめをする（10-4 節参照）〕

〔ここから注。注のつけ方の決まりに注意（14-4 節参照）〕

(1)　環境省 HP「温暖化とは」https://www.env.go.jp/earth/cop3/ondan/ondan.html

(2)　環境省 HP「地球温暖化の現状」https://ondankataisaku.env.go.jp/coolchoice/ondanka/ 参照。

(3)　国立天文台編『理科年表 2023』丸善，2022 年，1026 ページ。

(4)　環境省『令和 5 年版 環境・循環型社会・生物多様性白書』2023 年，26, 100, 105 ページなど参照。
　　　https://www.env.go.jp/policy/hakusyo/r05/pdf.html

(5)　環境省「『COOL BIZ』の成果について」報道発表資料，2005 年 10 月 28 日，
　　　https://www.env.go.jp/press/6491.html

(6)　環境守『家庭でできる温暖化対策』○×社，2023 年，86 ページ。

引用文献

環境省『令和 5 年版 環境・循環型社会・生物多様性白書』2023 年，
　　https://www.env.go.jp/policy/hakusyo/r05/pdf.html

環境省 HP「温暖化とは」https://www.env.go.jp/earth/cop3/ondan/ondan.html

環境省 HP「地球温暖化の現状」
　　https://ondankataisaku.env.go.jp/coolchoice/ondanka

環境省「『COOL BIZ』の成果について」報道発表資料，2005 年 10 月 28 日，
　　https://www.env.go.jp/press/6491.html

環境守『家庭でできる温暖化対策』○×社，2023 年。

国立天文台編『理科年表 2023』丸善，2022 年。

〔使用した文献は最後にまとめて表にしておく（14-4 節参照）〕

12 構造的に書く

12-1 主張するために──段落と文

◉ 段落とは？──パラグラフ・ライティング

　文が複数集まって，一つのまとまりを作るとき，それを段落（パラグラフ）といいます。文章で最も大切なものは，この段落です。

　段落を構成するとき，最も大事なポイントは，「言いたいこと（意見・主張）を示す文（トピック・センテンス）」を最初に置くことです。別の言い方をすれば，「結論から先に書く」ということです。まず結論を言ってから「なぜか」という理由や具体例などの「説明する文」を置くのです。説明をかねて，右ページに，例とその分析を示します。

　この書き方は，私たちがものを考えるときの自然な思考の進み方とは逆になっています。普通は，前提や条件などをまず示し，それから結論を書くことが多いでしょう。右の文例であれば，次のように書き始めることも多いと思います。

　「インターネットで拾えるものは，誰かの意見でしかない。そして，教員がレポートを課すときに，学生に望んでいることは，自分の意見を表明することである。したがって，レポートを書くときに，インターネットでたまたま検索語に引っかかって拾ったものを切り貼りして作成することは，愚の骨頂なのである。」

　したがって，パラグラフ・ライティングで書くためには，自然な流れで一度書いたものを再構成する必要があり，その点で，ちょっとだけ練習が必要なのです。

◉ 段落の長さと構成法

　一段落の長さはどのくらいがよいのでしょうか？　厳密な決まりがあるわけではありませんが，あまり長くならない方がよいでしょう。結論を書く段落などは，一つの文だけでもかまいません。ちなみに，右ページの例は455文字あります。このくらいが適切でしょう。

　この文章をどのようにつなげるかということは，次の「接続詞」（12-2節）で扱いますが，考え方としては，右の例でわかるように，冒頭の主張を示す文に対して，他の説明する文が，どのような関係を持っているかを明確にわかるような目印つまり接続詞を使って配列します。

◉ 段落をつなげる

　さて，段落をつなげていくことで，レポートができることになります。では，この段落は，どのようにつなげていけばよいのでしょうか？

　これもまた，上の，一つの段落内部での文の接続の方法と同じ考え方に従って，段落同士の関係がはっきりとわかるように，目印をつけてつなげていきます。つまり，一つ一つの文をつなげるときと，一つ一つの段落をつなげるときとでは，同じ原理が働いているのです。

➡ 練習 **13・14・15**

●パラグラフ（段落）の構造

> 最初に，その段落で主張したいことを書いたトピック・センテンスを置く

　レポートを書くときに，インターネットでたまたま検索語に引っかかって拾ったものを切り貼りして作成することは，愚の骨頂である。なぜなら，インターネットで拾えるものは，誰かの意見でしかないからである。そして，教員がレポートを課すとき，学生に望んでいることは，自分の意見を表明することだからである。たしかに，インターネットを調べたら，自分とまったく同じ意見があって，自分よりうまく書けているので，そのまま切り貼りしたのだという反論があるかもしれない。しかし，だからといって，それをただ単純に切り貼りしていいということにはならない。そのまま切り貼りすることは，人の意見を勝手に使っているだけだからである。まったく同じ意見であっても，一字一句まったく同じ文章で表明されるということはあり得ない。同じ素材を各自が料理して，どのような各自の意見を導き出してくるかこそが，レポートの最大のポイントである。したがって，そのポイントをはずした単なる切り貼りなどは，評価どころかちゃんと読んでさえ貰えず，その意味で愚の骨頂なのである。

> 以後，主張を補強する説明・証拠などを書く

> 考えられる反論を書き，再反論する

この段落の構成を分析してみましょう。

- **主張する文**：[第1文] 段落の最初には，主張することを書いた文を持ってくる。なお，段落の最初に，その段落が扱うトピックを，疑問文の形で置くなどのバリエーションもあり得る。
- **主張の理由を説明する文**（この例では二つ）：[第2・3文]「なぜなら」と「そして」の2文でなぜ「愚の骨頂」かを説明する→書いた本人の意見を読みたいのに他人の意見を読ませるから。
- **予想される反論を書いた文**：[第4文]「たしかに」の文で反論を予想して書く→同じ意見なのだからいいじゃないか，という反論。
- **反論に対する再反論**：[第5〜8文]「しかし」以下の文で，上の反論をひっくり返す→同じ意見でも違う書き方になるという点が重要。
- **結論として主張を補強する文**：[第9文]「したがって」の文で，再度「愚の骨頂」であることを確認する。

> ※わざわざ反論を書いて，それに再反論するというのは，面倒なことをやっているように見えますが，この手続きを経ることによって，自分の主張がより強く出てくることになります。ただし，再反論が弱いと，逆効果になるため要注意です。

　本書は，エッセイ的な部分もありますので，パラグラフ・ライティングで書かれていない箇所もたくさんあります。適当にページを開いて，そこがどのような書き方になっているか，調べてみましょう。

12-2 接続詞

接続詞とは

　一つの文で，相手に伝えたいことがすべて言えてしまえば，それでよいのですが，特に相手を納得させる文章を書こうとすると，それでは片づきません。根拠や理由を説明するにも，そのための材料をいくつも出したり，推論をたくさん重ねたりしなければなりません。そのときに，一つ一つの文が，きちんと役割を果たさなければなりません。その役割を果たさせるために必要なことが，「文のつなぎ方」です。このときに使う道具が「接続詞」です。

　実際にさまざまな文章を読んでみると，必ずしもいつも文と文の間に接続詞が入っているわけではありません（このテキストでもそうです）。しかし，それは省略されているだけで，実際には，何かしらの接続語を入れることができます。逆に，うまく入れられない場合，その文のつなぎ方には，何かおかしなところがある，ということができます。

接続詞は道しるべ

　すでに，ノートを取るときに，話を聞くときに，接続詞に注意しながら聞こう，ということを言いました（7-3 節参照）。書くときも同じで，接続詞に注意しながら書かなくてはいけません。なぜなら，読む人は，接続詞という，文と文とをつなぐための言葉を手がかりにして，あなたの考えを追いかけていくことになるからです。その意味で，接続詞は道しるべのような役割を果たします。適切なところに適切な目印を立てておかないと，書くあなたも読む方も，迷子になってしまいます。

　以下，レポート・論文作成にあたって使う接続表現の代表的なものを，機能別に挙げます。「※他に」で挙げているものは，例として出しているものと交換可能とは限らず，微妙にニュアンスが違うものも入っています。自分で使うときには，辞書を調べて，よく確認してから使いましょう。

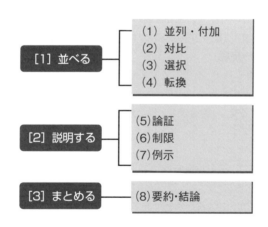

● [1] 並べる

（1）いくつかの要素を並べていくとき（並列・付加）

［例文］ニュートンは 1687 年に『プリンキピア』を著した。そして，アインシュタインは 1905 年に「動いている物体の電気力学」を発表した。それから，ボーアは 1917 年に「古典論と量子論の対応原理」を発表し，また，ドゥ・ブロイは 1939 年，『物質と光』を執筆した。

※他に：それに・さらに・ならびに，など。時間の継起の場合：それから・その後・その次に

使い方：見てのとおり，並べて示していくとき，また，前の要素に新しい要素を付加・追加したいときに使います。ただ並べているだけなので，これだけでは前後の関係についてはなんら明らかにはなりません。また使いすぎると，説明が何もないため，煩わしく感じられます。

　　　　まだ列記したいことはあるが，このあたりでやめておく，というときには，「A。そして，B。また，C など」とすればよいでしょう。

（2）二つの要素を並べて比べたいとき（対比）

［例文］従来の新幹線の最高速度は時速約 300 km である。それに対して，飛行機の最高速度は時速約 950 km である。

※他に：一方・他方・それとも・または・あるいは

使い方：並列・付加の場合，ただ順々に並べているだけですが，対比の場合，並べた要素を比べることになり，比べると当然，比べた結果どうなんだ？と聞きたくなります。つまり，意見を導きやすくなります。たとえば，上の例文に続けて「したがって，私は，新幹線の方が安全だと思う」といった具合です。

（3）二つ以上の要素を並べて選びたいとき（選択）

［例文］以上のことから，地球温暖化のリスクを負ってでも石油を続けるか，それとも，新たなエネルギー資源開発の可能性を探るか，どちらかである。それぞれのケースを検討してみよう。

※他に：または・あるいは・もしくは・ないし（は）

使い方：対比から一歩進んで，どちらを選ぶかの選択を示す場合に使いますが，このような選択肢を示すことで，この後の議論の展開が明確になります。

（4）前に述べていることに反することを示したいとき（転換）

［例文］［たしかに，］光が，粒子としての性質と波としての性質の両方を備えていることは矛盾しているように思われる。しかし，実験結果がこの事実の正しさを証明している。

※他に：だが・それなのに・ところが・にもかかわらず

使い方：前文の冒頭に，「たしかに」や「なるほど」とつけると，譲歩の表現になります。つまり，相手の言うことや一般に言われていることを「なるほどそうかもしれない」と受け止めて，「いや，しかし」と転換し，反論するスタイルです。譲歩の場合，「しかし」の後に続く文において，「自分の意見」を述べるのが一般的です。

　この方法は，自分の意見に対する反論を書き，それを反論する形で自分の意見を述べるので，説得力が増します。

● [2] 説明する

（5）意見を書くにあたって，理由・根拠を示したいとき（論証）

論証の接続詞には次の2通りがあります。

A. 理由・根拠が後にくる場合

[例文] 彼はお金がないようだ。<u>なぜなら／というのも</u>，彼女からお金を借りている<u>からだ</u>。

使い方：この場合，後の文につける「～（だ）から」という助詞とワンセットになります。これを忘れると，どこまでが理由・根拠を示しているのかはっきりしなくなり，文意が不明瞭になります。

B. 理由・根拠が前にくる場合

[例文] 彼は彼女からお金を借りていた。<u>したがって</u>，彼はお金がないようだ。

使い方：後半は，厳密に書くならば，「したがって，私は，彼はお金がないのだと思う」などとした方がよいところですが，ここでは，「ようだ」という推測を示す語尾になっているので，そうしなくても，意見であることがわかります。また，これを一つの文にまとめ，「彼は彼女からお金を借りていた<u>ので〔いたことからすると〕</u>，彼はお金がないのだろう」などとすることもできます。

※他に：であるから・それで・そこで・それゆえ・そのため・すると・その結果

☆レポートを書くときに最も重要なことは，ただ意見を書くのではなく，その意見の根拠や理由を明確に示すことです。<u>したがって</u>，この論証の接続詞は，とても大事です。

（6）前に述べていることに条件や制限，保留をつけたいとき（制限）

[例文] 太郎君は時速10 kmで自転車を走らせることができる。2 km先の学校まで，何分で到着できるか，求めなさい。<u>ただし</u>，寄り道したり休憩したりしなかったものとする。

使い方：この文は，「太郎君は時速10 kmで自転車を走らせることができる。2 km先の学校まで，寄り道したり休憩したりしないとしたら，何分で到着できるか，求めなさい」と書くこともできます。しかしポイントが後の方に回ってしまい，読みにくくなります。このような場合，大事なことを先に書いて，その後に条件を付け加えた方がすっきりします。このときに，この接続詞を使います。

※他に：このとき・この場合・なお・ちなみに

（7）例を出したいとき（例示）

[例文] 日本には，古い建物がたくさん残っている。<u>たとえば</u>，奈良の法隆寺は世界最古の木造建造物である。

使い方：自分の意見をさらに補強するには，具体例を出すと効果的です。ただし，具体例は，自分の意見の主張しようとしていることとうまく適合したものを選ばないと，かえって逆効果になります。

● [3] まとめる

（8）先に書いたことをまとめるとき（要約・結論）

[例文] 大学では，自分から進んで勉強しなければなりません。<u>つまり</u>，自発性が大事なのです。

※他に：要するに・すなわち

使い方：話を先へと進めていくときに，いろいろな側面から述べた後に，一度立ち止まってまとめておくと，話を続けやすくなります。読む方にも読みやすい文章になります。そしてもちろん，最後に結論を述べるときにも，この接続詞を使います。

➡練習　*16・17*

12-3 事実と意見を書き分ける（1）──事実を書く

■ 気をつけよう

　私たちは，自分で書くときには，自分の生き生きとした「経験」のイメージを参照しながら書いてしまいます。けれども，その文を読む人は，参照するべきあなたの経験を知らないので，あなたの書いた文章を手がかりにして自分でイメージを作るしかありません。その点に配慮しましょう。

■ 事実・意見・心情

　すでに第6章と第7章で学んだように，文を内容面で区別すると，おおむね次の3種類があります。

- (1) **事実**：「銀座の大通りで，白いバンが男性をはねた」
- (2) **意見**：「この事故は，ブレーキ痕がないことから，運転手の前方不注意が原因だろう」
- (3) **心情**：「あの運転手はまぬけだ」「仲の良い友人がケガをして悲しい」

■ 事実をはっきりさせるために

　まず，事実を書くことについて考えましょう。「いつ」「どこで」「誰（何）が」「どういう根拠・理由で（なぜ）」「何を」「どうした」か，6個の要素（5W1H→右ページ参照）を，意見を交えずに書きます。場合によって，欠けるものがあってもかまいません。しかし，最低でも，「誰（何）が」「どうした」はなければ，文章になりません。次の例を見てください。

> **太郎君が。**　→　これだけだと，「どうしたの？」と，聞きたくなる。
> **ころんだ。**　→　これだけだと，「誰が？」「なぜ？」と，聞きたくなる。

　「太郎君がころんだ」となって，「誰が・どうした」という必要最低限の事柄が伝わります。関心があれば，これに加えて，「いつ？」「どこで？」「なぜ？」と続けて聞きたくなりますね。その聞きたくなるようなことが，上に述べた6個の要素なのです。ですから，これをはっきりさせれば，事柄の状況がはっきりとわかる，というわけです。

■ 事実を書く書き方

　事実を書く基本は，程度を表す言葉ではなく，具体的な数値などの検証可能なものによって記述することです。また，文のスタイルとしては，「～である」という断定の形を取ります。しかし，「～である」という断定の形をした文がすべて事実を書いているわけではありません。むしろ，意見を断定的に書くことで，事実のように見せかけてしまう文も多いことに注意してください。

➡練習 **18・19**

● 5W1H について

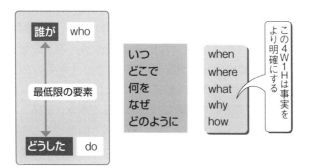

▶▶Column　事実はどこまで「客観的」か？

　6-3節で，事実とは，世界についての客観的な陳述のうち，複数の人によって相互に検証することが可能であり，その結果真と考えられたものである，と「素朴」に定義しました。しかし，「これは単純な問題ではない」ともいいました。これについて一言加えましょう。

　よく，「犬が人間にかみついても新聞には載らないが，人間が犬にかみつけば新聞に載る」といわれます（本当に載るかどうかは保証しませんが）。「犬が人間にかみつくこと」も「人間が犬にかみつくこと」も事実という点では同じです。それなのに一方だけが新聞に載ります。つまり，同じような出来事でも，それが述べるだけの価値，伝えるだけの価値があるかどうかによって，事実として報告されるかどうかも変わるのです。

　教科書に載っている実験を私たちが実験室で再現するとき，しばしば想定されるのとはまったく違った結果がでることがあります。たとえば，中学校理科では斜面を使って台車を転がし，斜面の傾きと加速度の関係を調べる実験を行います。そのようなとき，ちょっと糸が引っかかってうまく台車が転がらなかったときや，ちょっとななめに台車が転がってしまったとき，その実験結果は報告されません。それは，実験をしている人が，「今回の結果は理想的な実験状況ではないし，理想的な実験状況での結果を報告すべきだ」と考えているからです。

　このように「事実として述べるかどうか」という判断は，その事実を伝える人が持っている暗黙のうちの知識・常識・価値観などによって影響されます。実際は，このフィルタを通った事実のみが，「事実」として報告されているのです。

12-4 事実と意見を書き分ける（2）──意見を書く

◤ 意見と心情の区別

　12-3 節の例で，（2）の「意見」と（3）の「心情」とは，区別がちょっと難しいかもしれません。
　（3）「心情（気持ち）」とは，何かの出来事（これを書くのが（1）の「事実」です）に直面したとき，「おもしろい」「すごい」「かっこいい」「まずい」「むかつく」「うれしい」「かなしい」「だるい」というような，その場で感じるあなたの直接の反応で，しばしばその場限りのものを指します。

　これに対して（2）「意見」は，何らかの客観的な（皆で共有できる）根拠・理由があって，そこから考えることによって導き出されるもので，さらに，他の人と議論したり，事実と照らし合わせて確かめたり（検証といいます）できるものを指します。また，意見は，他の人の行動も左右することがあり，それだけに，責任を伴う場合があります。

◤ 意見を述べる書き方

　すでに 7-2 節「意見の表れ方」で見ましたが，今度は自分で意見を述べるときのために，再確認しておきます。基本的には，「私は〜であると思う」「私の考えでは〜である」「以上の観察から，××は○○である，と考える」というような書き方をすることを心がけましょう。

　もちろん，「あの男は頭がよい」という文ならば，「頭がよい」という程度を示す表現が入っているため，これは意見であるとわかります。しかし，「ブラックホールは存在しない」では，事実のようにしか見えません。うっかりこのような文を書かないためにも，レポートでは，意見を書くときには，「私は〜と考える」等々と書く癖をつけた方がよいでしょう。

　とはいえ，論文などを読み慣れてくると，意見を書くときに，必ずしも「私は……」とは書いていないことに気づくことでしょう。では，どうやって書いているのでしょうか？

　まず，主語を私ではなく，たとえば，「本稿では〜と考える」とか，「卑見によれば〜である」，あるいは，一人で書いていても「われわれは〜と考えた」といった書き方が多いようです。

　さらに一般的なのは，主語を省略し，文末で「〜と考えられる」「〜と思われる」「〜と推測できる」といったような形で，考える・思う・推測する，などの動詞を使う例です。

　右ページ上の例を見比べてみてください。特に，主語を省略する場合，うっかり末尾の「〜と思われる」などの表現を書き忘れてしまうと，意見を事実として書くことになってしまいますので，注意が必要です。こういう書き癖を身につけてしまうと，意見として書いたつもりの文章を自分でも事実として扱ってしまい，その事実（実は意見）に基づいて議論を組み立ててしまった結果，とんでもない結論にたどり着く論文ができてしまう，ということすらあるのです。

◤ 議論を構成するために

　議論を進め，構成するためには，いくつかの定型表現があります。右ページにまとめましたので，うまく活用して，論の運びが明確なレポートになるようにしましょう。

⮞練習 **20・21**

●事実と意見の違い

例 この事故は，運転手の居眠りが原因である と思われる。

例 この事故は，運転手の居眠りが原因である。

●議論を構成するための表現例

■議論を始める	■筆者の意見を示す
・まず，〜を指摘することから始めよう。 ・はじめに，〜について述べよう。 ・まず，〜に注意を向ける必要がある。	・思うに〜である。 ・〜のように思われる。／〜かもしれない。／〜とみられる。／〜ではないか。／〜に違いない。／〜べきである。 ・以上のことから，〜と主張することができる。 ・〜ということに，疑問の余地はない。
■議論を進める	■相手の意見を否定する
・第一に／まず ・第二に／次に／続いて ・さらに／もっと言えば ・最後に	・〜ということには，まったく根拠がない。 ・〜という主張は否定されるべきである。
■新しい段階に進む	■相手の意見をいったん受け入れ，反論する
・それでは，〜という問題に移ろう〔取りかかろう〕。 ・次に，〜について検討しよう。	・もちろん〔なるほど〕〜である。しかし…… ・〜かもしれない。しかし……
■（根拠を示したうえで）事実として確実なことを示す	■読者に注意を促す
・以上のことから，〜であることは確か〔明らか〕である。 ・以上のことから，〜であることは否定できない。	・〜に注意しよう。 ・忘れてはならないのは，〜ということである。 ・〜ということは，はっきりさせておきたい。 ・〜についても述べておかねばならない。
■事実に基づき，筆者の推測を示す	■読者に詳細を説明する
・おそらくは〜であろう。 ・〜ということもありうる。 ・〜ということかもしれない。	・このことで言いたいのは，〜ということである。 ・このことが意味しているのは，〜ということである。
■筆者の同意・不同意を示す	■読者の誤解を避ける
・〜は，もっともである〔正当である〕。 ・〜という点には，同意できない〔反対である〕。	・〜するどころか……である。 ・〜のためではなく，……のためである。 ・〜によってではなく，……によってである。

12-5 明解な文を書く

■ 明解な文とは

　明解な文とはどのような文のことでしょうか。ポイントは，何を相手に伝えるか，にあります。「国境の長いトンネルを抜けると雪国であった。夜の底が白くなった」。川端康成『雪国』冒頭のこの文章は，読者を真っ白な雪国という小説世界の中心に一呼吸で佇ませる素晴らしい名文ですが，ここでいう「明解な文」ではありません。

　これを明解な文として書くならば，「国境の全長 10 km のトンネルを抜けると，積雪 1m の×× 駅手前 500 m の地点であった。夜なのに，白い雪のため，数ルクスの明るさを感じた……」のようになるでしょうか。情緒も何もあったものではありませんが，データが示されているため，正確に「長さ」や「雪」の状況が相手に伝わり，そこで共通のイメージを作りやすくなります。

　つまり，前者は，小説世界のイメージを構築する手がかりを読者に伝え，後者は，事実を伝えるものです。レポートや論文を書くときに必要な明解な文とは，後者，すなわち読者が自分で確認できるように，事実を確実に伝え，意見を誤解のないように伝える文のことです。

■ 言葉を選ぶ

　この目的のためには，**言葉を選ぶ**ことが大切です。事実を，相手にそのまま伝えたいときには，なるべく書く人の意見が混入しない客観的な言葉を選ぶ必要があります。例として，程度の表現を取り上げます。

(1) 形容表現には気をつけよう

　形容表現には注意が必要です。右ページの表を見てください。「すごく」「ひどく」などの副詞や，「大きい」「安い」などの形容詞は，具体的なデータがあれば，数値で表現します。他の人があなたと同じように「すごい」「大きい」と感じるかどうかは，わからないからです。

(2) 言い回しに気をつけよう

　一つ一つの語の使い方というより，文全体としての言い回しによって，意見や心情が示されることがあります。「てにをは」の選び方や動詞の選び方などに敏感になりましょう。

　右ページの例を見てください。同じ一つのコップの状態に関して，二種の言い方がなされていますが，受ける印象などが違うはずです。このように，ある事実を肯定の表現を使うか，それとも否定の表現を使うかによって，書き手の意見が反映されるのです。

➡練習 **22・23**

意見の混在した表現		事実の記述
1　この車は非常に<u>速い</u>。	→	「この車は，最高時速200km だ」※1 など。
2　昨日の地震は<u>ひどく</u>揺れた。	→	「昨日の地震は震度5強であった」など。
3　彼は<u>とても大きい</u>。	→	「彼は身長185センチ，体重125キロだ」など。
4　この液体はアルカリ度が<u>高い</u>。	→	「この液体のpHは10だ」など。
5　救急車は<u>すぐに</u>到着した。	→	「救急車は4分で到着した」※2 など。
6　昨日は一昨日に比べて<u>ひどく寒かった</u>。	→	「昨日は一昨日より10℃低かった」など。
7　この店はどの商品も<u>すごく安い</u>。	→	「この店はすべての商品が5割引だ」など。

　　※1：ここで，「200kmも出る」とすると，「も」のところに，心情が入り込みます。
　　※2：ここで「4分たらずで……」とすると，「たらず」のところに，心情が入り込みます。

■言い回しによって，同じ一つの事態が，違う具合に見えることもあります。

Q：このコップについての客観的な表現は，どのようなものでしょう？

12-6 構成要素の配列・文を短くする

◾ 読みやすい語順

　事実であれ意見であれ，さまざまな限定や保留，条件などの言葉を加えることによって，より明確にすることができます。「犬が横切った」よりは「白いシェパードが私の前を右から左へと横切った」の方が，より具体的な情報を伝えることができます。しかし，文の要素が増えればそれだけ複雑になり，わかりにくくなることがあります。そのときに気をつけるべきことは，語を並べる順番です。

　日本語は，構造上，語順が比較的自由です。しかし，やはり読みやすい語順があります。基本的には，〈主語（誰が）・目的語（何を）・述語（どうする）〉という順序です（他の「いつ」「どこで」……などは必要に応じて付加します）。

　そのそれぞれの部分に形容する語（説明する語）がつく場合，できるだけ形容される語（説明される語）の近くに置きます。

◾ 読点

　読点（，、）を適切に使用することで，誤解を減らすことができます。読点の置く場所は「読んでいて息継ぎをする場所に置きましょう」といわれるようですが，論理的な文章の場合，意味が明確になるポイントに置くと考えた方がよいでしょう。

◾ 一文を短くする

　一つの文が，なるべく単一の内容を表すように工夫します。たとえば，「私が太郎と昨日食事をした次郎と立ち話をしたのはこの交差点だ」という文は，「私が次郎と立ち話をしたのはこの交差点だ。次郎は太郎と昨日食事をした（そうだ）」という具合に，二つの文に分けた方がわかりやすくなります。全体は長くなりますが，文意は明確になります。

　例：内閣府経済社会総合研究所景気統計部が景気動向を把握するために外国人・学生・施設入居世帯を除いた消費者を対象に毎月1回年12回毎月15日に行っている消費動向調査は，支出予定の費目や耐久消費財の保有状況を把握することによって日本の景気動向の判断を行うための基礎資料として使われているため，日本銀行が日本の企業約1000社に年4回直接アンケートを取って売上などの実績数値や資金繰りなどに関する企業の判断等を調査し調査月の翌月には発表されるという点で速報的な性格もあわせ持つ日銀短観と並んで，日本の経済状況を知るためには基礎的な資料であるという点で，日本のマクロ経済について知りたいと思う人にとって，代表的な資料である。

練習 24・25・26・27

● 「白い猫を追うシェパード」という文に手を入れてみよう

どっち？

■ **形容する語の位置を変える**

白い 猫を追うシェパード

猫を追う 白い シェパード

■ **読点を入れる**

白い猫を追う，シェパード

白い，猫を追うシェパード

■ **読点で意味が変わる有名な例 ： しんだいしゃたのむ**

→ しんだ，いしゃたのむ（死んだ，医者頼む）

→ しんだいしゃ，たのむ（寝台車，頼む）

　左ページの文を，文意がわかりやすくなるように，書き換えてみました。見比べてください。

例：日本のマクロ経済の動向について知りたいと思う人にとって，代表的な資料が二つある。消費動向調査と日銀短観である。まず，消費動向調査とは，内閣府経済社会総合研究所景気統計部が景気動向を把握するために，外国人・学生・施設入居世帯を除いた消費者を対象に，毎月1回年12回毎月15日に行っているものである。これは，支出予定の費目や耐久消費財の保有状況を把握することによって日本の景気動向の判断を行うための基礎資料となっている。一方，日銀短観とは，日本銀行が日本の企業約1000社に年4回直接アンケートを取って売上などの実績数値や資金繰りなどに関する企業の判断等を調査するものである。これは，調査月の翌月には発表されるという点で速報的な性格もあわせ持つものである。

Chapter
13 書くために考える

13-1 明確な文のために明確に考える──推論とは

■ 推論

　12-1 節では，文をつないで段落を作る方法について検討しました。ところで，一つの文を作り，複数の文をつないで段落を構成するとき，ただ単に言葉や文を適当に配列しているわけではありません。言いたいことを読む人に伝えることが肝心なのですから，どうすれば相手に伝わるかに配慮しながら書いているはずです。

　このとき気をつけなければならないのは，どのような考え方をしているかです。誰にも理解できないような考え方をしていると，なかなか相手に伝わりません。この章では，この「考える」というところに焦点を当てます。

　普段しないような行動を取る必要のあるとき，どうしようか，と考えるはずです。そのとき，きっと，（自分にとって）「納得できる」「良い」方法を選ぶように考えると思います。その選択にはなんらかの**根拠**があり，そこから**結論**を導き出しているはずです。この思考過程を**推論**といいます。

　根拠に基づいて考えることは，自分が何かを決めなくてはならない場合に，できるだけ「良い」「正しい」結論を出すうえで役に立ちます。そして，その考え方がほかの誰かにとっても理解できるものであれば，あなたの行動はその誰かにとっても納得できる可能性のあるものとなります。

　右ページの例からもわかるように，単に根拠があればよいというものではありません。根拠と結論とが適切に結びついていることがより重要です。その結びつきが誰にも理解できるような仕方できちんと示されているとき，わけがわからないと思われる根拠も，納得できる（少なくともその可能性が開かれる）ことになるのです。

■ 論理的であること

　「論理的」であるとは，適切な方法で考えることです。考える方法が適切であれば，多くの人が理解できます。つまり論理的に考えるとは，誰もが理解できるような仕方で考えることです。

　みなさんがこれから勉強していくいろいろな学問はすべて，根拠と結論と，これを結びつける適切と認められた論理によって組み立てられています。学問は，世界中の多くの人たちが，「その考えは正しい」と認めたもの（単にそう感じただけではなく，議論したり検証したりして，そのように認められたもの）から成り立っています。仮に，それを認めない人が現れれば，いろいろな議論が沸騰し，検証され，どちらが正しいのか，いずれは決着がつくでしょう。しかし，反対している人が不適切な仕方で考えている場合，その反対はまともに取り合われることはないでしょう。その意味で，適切な仕方で考えることは，みなさんがこれからより高度な学問に取り組んでいくときに，また，さらに先に進んで自分で新しい発見をするときにも不可欠です。

●推論

推論とは，根拠から結論を導く思考過程のことである。

> 友人が，いつもは通らない，しかも彼の家からは遠回りになる道を歩いてきたので，あなたは友人に尋ねました。「どうして，こっちの道を来たの？」。友人は，次のように答えました。
>
> 1.「今日は新しい靴を履いてきたんだけど，いつもの道は工事中で泥だらけだったから……」
> 2.「今朝，納豆を食べちゃったから……」
> 3.「なんとなく……」

　三つのうち，どれが納得できる根拠でしょうか。納得できるという意味では，おそらく1を挙げる人が多いでしょう。その次に納得できるのは？　おそらく，3の方が，2よりは，納得できるとは言わないまでも，抵抗はないのではないでしょうか。

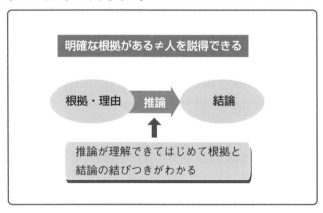

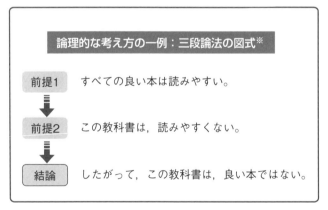

　これは，二つの前提から一つの結論を導く思考過程です。この結論は間違っていると思うかもしれませんが，正しい推論です。問題はむしろ「前提1」にあります。間違った前提があると，正しく考えても間違った答えが出てしまうという一例です。

※　本書では，三段論法については取り上げませんでしたので，詳しくは論理学の教科書などを参照してください。

13-2 誤った推論（1）

◼ 経験という落とし穴

　推論は論理的に行わなければなりません。しかし，うっかりすると，私たちは論理を飛躍させてしまうことが多くあります。論理は，基本的には形式的なものですから，数学が経験に必ずしも依存しないように（たとえば虚数は，現実の世界の中で経験できるものではありません），論理も経験には依存しません。とはいえ，何かについて考えるとき，形式的にだけ考えるということは非常に難しいことです。むしろ，自分自身の経験から得られた知見をそこに織り交ぜて結論を導こうとすることが多いでしょう。

　このとき大事なことは，経験は，あくまで考えるための素材であり，考えることは，形式に則って，その素材を加工するような関わり方で行われなければならない，ということです。

　たとえば，数学の問題で，「太郎君が自宅から学校までの 2 km の距離を，自転車で時速 20 km の速さで移動しました。何分で学校に着くでしょう」という問題を考えるとします。このとき，普通なら経験的に考えるような「途中で買物をしたらどうするのかな」とか「忘れ物をしたらどうするのかな」といったことは考える必要はありません。そうした(実際には起こりうる)可能性はすべて，数学の問題という観点から排除し，経験的な現実を加工しているわけです。何を排除するかは，学問の性質によって異なります。それぞれの専門分野の考え方を学んでください。

◼ 「すべての」「いくつかの」「ある」

　経験を素材にして考えてしまうとき，最もおちいりがちな誤りを見てみましょう。

　たとえば，「鳥は空を飛ぶものだ。ダチョウは鳥だ。ということは，ダチョウは空を飛ぶ」。

　この結論が間違っていることは明らかですが，それではどこが間違っているのでしょうか。

　ポイントは最初の「鳥は空を飛ぶものだ」にあります。これは「すべて」の鳥に当てはまることではありません。ダチョウ以外にもエミュー，レア，ヒクイドリ，ペンギン（ペンギンも鳥です）などは飛ぶことができません。ですから，自分の見た「ある」鳥は飛ぶ，また自分がいままで見てきた「多く」の鳥は飛ぶ，ということはできますが，「すべて」の鳥は飛ぶ，とはいえません。

　たしかに，私たちの周りにいる多くの鳥は飛んでいます。自分の経験から，「鳥＝飛ぶもの」という図式が，すべての鳥を知っているわけではないにもかかわらず，できあがってしまったのです。

　一般的に言えば，一部のものに当てはまることを，すべてのものに当てはまるかのように表明しているために，誤った推論になってしまいました。

●日常的な曖昧さを，学問・科学の世界での厳密さの中に持ち込んではならない

「考慮に入れるべきこと」と「入れなくてもよいこと」とを見極めよう

こうしたことを，数学の問題では考慮する必要はない。
人間行動学などであれば，考える必要がある。

人間はすべてのことを知っているわけではない

鳥といえば？

自分の知っていることが，すべてに当てはまるとは限らない

13-3 誤った推論（2）

■ 推論の背景

子どもがお母さんに何か頼んでいます。どちらが納得しやすいでしょうか。

> （1）クラスのみんながこのゲームを持っているんだ，だから，僕にも買ってよ！
> （2）町内のおじいちゃんはみ〜んなゲートボールのスティックを持っているよ，だから，僕にも買って！

（1）の「クラスのみんなが持っている」という根拠は本当だとします。すると，お母さんは，「クラスのみんなが持っているなら，ウチの子だけ持っていないと仲間はずれにされるかもしれない」と考えて，買ってくれるかもしれません。このとき，お母さんは，子どもの「だから」という言葉の背景に，「仲間はずれになる」という，子どもが直接は言っていない推論過程を理解し，それを認めて納得しています。

（2）はどうでしょうか。お母さんは，どうして「だから」なのか理解できず，「おじいちゃんたちとあなたとは関係ないでしょ」と言って買ってはあげないでしょう。ところが，この子がお母さんには内緒でボランティアとしておじいちゃんたちと遊んでいるとしたらどうでしょう。お母さんがそのことを知れば，この子の「だから（したがって）」も理解できるはずです。

（1）の「仲間はずれになるかも……」や（2）の「ボランティアをしている」が，「だから」という根拠と結論を結びつける推論の背景になっています。（1）の場合には親なら誰でも心配することですから納得できますが，（2）の場合には，ボランティアをしていることを知らなければ，理解も納得もできません。

一般に，「したがって」という言葉が使われているとき，それを読み手が納得できるかどうか（書く方からすれば，説得力を持つかどうか）は，この背景をどこまで共有できているかが一つの大きなポイントになります。

推論の背景には，一般的な常識（誰もがそう考えているもの）から，個人的な習慣や思いこみ，迷信など，他の人にはなかなか推測できないものまで，さまざまにあります。自分が思いこみで推論をして，他の人に通じないということもしばしばあります。自分のそうした思いこみは，自分では当たり前だと思っているだけに，なかなか気がつきにくいものです。ですから，相手がなかなか理解も納得もしてくれないとき，相手が悪いと考える前にまず，自分と相手の推論の背景に何か食い違いがないかどうかについて考えてみることが大切です。

→練習　**28**

●推論の背景が共有できるかどうか

（1）クラスのみんながこのゲームを持っているんだ，だから，僕にも買ってよ！

（2）町内のおじいちゃんはみ〜んなゲートボールのスティックを持っているよ，だから，ぼくにも買って！

■ 自分の推論の背景を他の人と共有できるかどうか？　想像してみましょう。

13-4 誤った推論（3）

◼ その他

　考えるときに注意するべきことは，もちろん，先の二つだけではありません。それどころか，もっとたくさんあります。おちいりやすい間違いを，さらに三つ挙げてみましょう。

■ 先入観や型にはまったものの見方をしてしまう

例｜「あそこを歩いてるのは外国人である，したがって，英語で道を聞かれるかもしれない」
　　→英語を解さないフランス人やドイツ人，ロシア人かもしれません。

■ 隠れた根拠があることに気づかないまま，二つの出来事を根拠と結論として結びつけてしまう

例｜「私の兄は，天気が良いと機嫌が良い」
　　→天気が良い（根拠），したがって，機嫌が良い（結論），と結びつけているけれども，もしかしたら，「天気が良い」と，「いつも前を通るお店の看板娘が外に出ていて話ができる」（こちらがより直接的な根拠），したがって「機嫌が良い」のかもしれません。

■ 時間的に連続する二つの出来事を，結びつけてしまう

例｜「猫が顔を洗うと，雨が降る」
　　→猫が顔を洗ったあと雨が降った，ということを実際に何度か観察すると，顔を洗ったのに降らないことがあったり，顔を洗ってないのに降ったことがあっても，無視してしまうことがよくあります。人間は，自分に都合のいい情報だけを取り込もうとしたり，自分に都合よく解釈したりする傾向があるからです。

　このような，ついおちいりがちなものの見方については，これから大学でさまざまな学問を学んでいくにつれて，次第に注意力が働くようになるでしょう。ともあれ，自分が当たり前だと思っていることが，本当に当たり前（誰でもがそう考える）だろうか，自分の思いこみではないか，と疑ってみることから始めましょう。

　また，文章を書くときには，自分の出した根拠は適切なものであるかどうか，その根拠から結論を導く推論が適切なものであるかどうか，常に気を配る必要があります。

▶️練習 **29**

先入観でものを見てしまい，違っていた，という例

関係ない二つのものを関係あるかのように結びつけてしまう例

時間的に継起するだけで，関係ないものを結びつけてしまう例

14 ルールあれこれ

14-1 書くときのルール

◾ 文体の統一

文体は統一しなければなりません（「です・ます」調と「である」調とを混在させないこと）。レポートでは，「である」調で書くのが普通です。

> 「です・ます」調とは，このテキストの本文です。この文体は，丁寧な感じや柔らかい感じを与えます。ですから，一般向けのテキストや私的な文章などに向いているといえます。
>
> 「である」調とは，この文の文体である。この文体は，堅い感じを与える。よって，公的な文章などに向いているということができる。

なお，「です・ます」調と「である」調では，接続詞なども，適切なものが変わってくるので注意しましょう（上例の □ に注目）。

◾ 口語，俗語（若者言葉など）を使わない

右ページの表を見てください。慣れるまでは区別がわかりにくいかもしれませんが，たくさんの論文などを気をつけて読んでいると，おのずとわかるようになります。

◾ 専門用語（テクニカルターム）を使うときの注意

専門用語とは，一種の業界用語です。その用語とその用語が意味する内容を知っている者どうしの間では，その言葉を使えばコミュニケーションを確実かつ迅速に行うことができますが，部外者だとさっぱりわからなくなります。これも，誰に向けて書いているのかを常に意識して，この言葉を知っているかどうか，どこまでわかっているかどうかを考えながら使います。

また，新しい言葉を使うときは，まず最初に，この言葉はこういう意味で使う，ということを定義しておきます。

しかし，学生のみなさんにとってはむしろ，自分がこれから使おうとしているその言葉の意味をきちんと理解しているかどうかを，自分自身で確認することがまず大事なポイントです。知ったかぶりをして専門用語を使うと，痛い目に合うことがあります。

また，一般的に使われている用語が，専門用語では特殊な意味になる場合もありますので注意が必要です。

自分の知識を確認するときにまず役に立つのは，「辞典」「事典」です。こまめに「辞典」「事典」を調べる習慣をつけることです。

➡ 練習 **30・31**

●口語・俗語的表現とレポートの表現

口語・俗語的表現	レポートの表現
■ 逆接の表現	
少ないけど，人口比で見ると…… 〜である。でも…… 〜。ていうか，……	少ないが，人口比で見ると…／少ない。しかし，… 〜である。しかし／ところが…… 〜。言い換えると，……
■ 順接・結論の表現	
〜である。だから…… 〜である。なので…… 〜であった，結果，〜となった。 やっぱり／やっぱ異なっていた。	〜である。それゆえ／そこで…… 〜である。したがって／そのため，…… 〜であった。その結果，〜となった。 やはり異なっていた。
■ 追加の表現	
それと〜だ。 あと〜だ。	なお／さらに〜である。 このほか／また〜である。
■ 程度の表現	
すごく／えらく／とっても／めっちゃ／超 ちょっと〜だ。 いまいち	非常に／大変／とても／きわめて 少し／やや〜である。 いまひとつ
■ 並列・例示・引用の表現	
教科書とか参考書とかで見た。 大企業なんかでは 〜っていう言い方からすると	教科書や参考書で読んだ。 大企業では　〔「なんか」は不要〕 〜という言い方からすると
■ 疑問の表現	
なんで，出生率が下がるんだ？	なぜ／どうして，出生率が下がるのであろうか。

　ここに出したのは一例です。とてもすべてを列挙することはできませんが，参考にしてください。大事なことは，自分が使っている言葉に敏感になることです。

> 　このテキストは，「です・ます調」で書いてあり，また時に「口語・俗語的表現」を使っています。なるべく堅苦しくならないように，との配慮からこの文体を選びました。したがって，このテキストの文体は，レポートや論文の文体とは異なりますので，注意してください。

14-2 用紙の使い方

■ ワープロを使用する場合

1. A4 用紙を使うことが多いが，指定に従うこと。
2. 各種設定を行う。

    a) 文字数と行数の設定。特に指定がなければ，初期設定のままで可。字数指定がされている場合，最後に文字カウント機能（注の文字数も数えるように設定する）を使い，字数を表紙などに明記することが望ましい。

    b) 文字サイズは，10.5～12 ポイント[1]が普通である（このテキストは 9 ポイント）。

    c) フォント[2]は，明朝体が一般的（この文字のフォント）。強調をしたい場合，**ゴチック体**や *イタリック体*（斜体）を使うこともあるが，多用は禁物である。また，特殊なフォント（行書体やポップ体など）は使用しない。

    d) 段落が始まるとき，1 文字分下げる。

    e) 禁則処理機能を ON にしておく（初期設定では ON になっているはず）。行頭や行末に置くことが禁じられている記号を自動的に処理するためである。

    f) 注は，脚注機能を使用してつける（14-4 節参照）。

    g) ページ番号は必ずつける。

次ページに例を挙げておきます。

➡練習 *32*

※1　活字の大きさなどに用いる印刷用の単位で，1 ポイントは 0.3514mm。
※2　書体のこと。

●ワープロの用例

> 段落冒頭は1字
> 下げる

> 数字・アルファベットは半角で
> 入力する方がバランスがよい

　「持続可能な開発」という言葉は，1980年，「世界保全戦略」で使われたのが最初である。これが有名になったのは，いわゆるブルントラント委員会によって1987年に発表された報告書，Our Common Futureで使用されてからである[1]。簡単に言えば，経済成長と環境保全をどのようにすれば両立できるか，という観点からの問題提起である。

> ワープロの脚注
> 機能を使う

> 禁則処理

　この問題は，一方で発展途上国が，これから経済成長を遂げようとするところであるのに，他方で先進国が二酸化炭素排出抑制を求めることで結果的に「一人勝ち」している図式にも見えるという点で，**格差の問題**でもある。

　今のところは，「二酸化炭素排出量の取引」という形で，一時的な妥協点を見いだしていると言える。しかし，これが問題の抜本的な解決につながるかどうか，疑問が残る。

> ゴシック体使用。多用しない方がよい

---

(1) ××太郎『持続可能な開発とは』○△出版，2020年，258ページ。

14-3 他人の意見を自分の意見のように書いてはいけない

■ 他人の意見と自分の意見

　第9章では，あるテーマに関して，他人がどのようなことを書いているかを読んだり調べたりすることを学びました。それは，他人が情報発信したものを，みなさんが受け取っていたわけです。

　レポートや論文は，他人が書いた資料（ある事件に関する記述・ある実験結果のデータ・他の人の意見など）があって，それについて自分の意見や考えを書くことが多いものです。また，大学のレポートの場合には，示された課題に答えることを前提として，自分の調べたこと・自分の考え・実験の結果の報告などを書くことになります。

　ここで最も大事なのは，「他人の意見を自分の意見のように書いてはいけない」ということです。

　他人の意見は，どれだけ自分がその意見に強く同意したとしても，やはり他人の意見です。その意見に同意している自分とは別の人が考えたことである，ということは明確にしなければなりません。

　どんなにすぐれた人間でもゼロからすべてを考え出すことなどできません。必ず，何かに触発されたり，もとになっているものがあります。それに対して敬意を表するのはマナーです。

　それ以上に，誰か他の人のやった実験や誰かが考えたことを，あたかも自分のやった実験や考えたことのように表明することは，「剽窃」「盗作」といい泥棒と同じです。

　また，他の人が書いた文章をそのまま，引用符もつけずに使うことは，法律的には「著作権法違反」になります。

　さらに，生成 AI を参考にするのはまだしも，すべてを作成させることは，他の人に代筆してもらうことと同じですから，事実上，カンニングにあたる行為です。

　この「他人の意見と自分の意見を区別する」ということは，教員とみなさんとの間での認識が最も隔たっている事柄の一つです。教員は，こういうことは絶対やってはいけないと言うのですが，みなさんの中には，たいしたことない，と思う方もいるかもしれません。その結果，この区別をつけないようなレポートや答案を出してしまい，不合格ということがしばしば起こります。

■ 出所をはっきりさせよう

　では，どうすればよいのでしょうか？

　まず，他人の意見の出所をはっきりさせましょう。出所のことを出典といいます。出典を，注を使って明確に示しておきます。注のつけ方については，詳しくは14-4 節を見てください。

■ 引用の仕方

　他人の書いたものであることをはっきりわかるようにする表記法が引用です。

　引用についての説明もかねた右ページを見てください。

　(1) 2 ～ 3 行の場合，(2) 4 行以上の場合，(3) 要約の場合，(4) 参照の場合，の 4 通りあることを確認してください。

➡練習 **33**

●図解・引用の仕方

引用文をカッコで囲む

レポートを書くときに一番気をつけなければならないのは，他人の意見を自分の意見のようなフリをして書いてはいけない，ということである。ある学者も言うように，「誰もゼロからすべてを考え出す無からの創造などできない。たくさんの先人たちの労苦があって初めて私たちの研究も進む」[1]のである。また，他人の意見を参照したことは自分が勉強したことの証明にもなるのだから，その証拠として引用をすべきである。

注番号を入れる

この例のように，引用が 2 ～ 3 行程度の場合，本文の中に，「　」で囲んで自分自身の文とつなげていく。しかし，引用が長い場合（4 行以上の場合）には，改行し，前後一行空けにし，二文字くらいインデント（字下げ）をして引用すると，読みやすくなる。

> レポートや論文を書くという作業は，苦しい作業である。自分がわかったことを書いている一方で，自分がわかっていないことを露呈することでもあるからである。真剣に向き合えば向き合うほど，ソクラテスの言う「無知の知」が身にしみることになる。だからこそ，楽しい作業でもあるのだが[2]。

誰が言ったかを明記している

最後に注番号を入れる

このような形である。

また，要約して引用する方法もある。その場合，どこからどこまでが，誰の文章の要約的引用であるか，はっきりと判るようにしなければならない。もちろん，その場合でも出典を明らかにしておく。たとえば，ある教員は，引用を適切に使わず，他人が考えたことと自分の考えたことが不明瞭である場合絶対単位を与えない，と警告する[3]。

そして最後に，直接引用はしないが参照する場合もある。レポート全体がそのスタイルの場合には，別個に文献表を付けて対応させる。これも，別掲の資料を見ていただきたい。

要約の終わりが明記され，注で出典が明記されている

(1)　××太郎『研究と引用』○△出版，2020 年，12 ページ。

注のつけ方については，14-4 節を参照

(2)　同上書，22 ページ。

同じ資料の2回目からは，この形式で明記する

(3)　同上書，132 ページ。

14-4 注のつけ方・文献表の作り方

◉ 注のつけ方

1. よくある方法

> 「環境問題は非常に多様」[1] である。

　引用につけられたカッコの直後に，上付文字で番号を順番につけます。ワードプロセッサーの「脚注機能」を使えば自動的にできます※。注は，ページごとに置くかレポートの最後にまとめます。縦書きの場合，ページごとに置く方法はあまり使わないようです。

　注の体裁については，後で示します。

2. 理系に多い方法（文献・資料などの全体を参照させる場合）

> ××の論文には～と主張されている[1]。

　引用をせず，ある論文をまるごと参照させる方法の場合，本文中の参照注番号は，出現順に振っていきます。つける位置は，一文の最後，マル（。）の前が普通です。同じ文献を複数回参照させる場合，同じ番号の注記号[n]を繰り返し示します。複数の文献を同時に参照させる場合，対応する番号をこの文の末尾のように列挙します[1][2][3]。

3. 文献表と対応させる方法（文献・資料などが多数でかつ引用・参照が多い場合）

> 「環境問題には非常に多様な側面がある」（××，2020，45 ページ）。

　文献表と本文内の引用とを対応させる方法があります。この場合，該当する引用や参照の後に著者の姓，出版年，該当ページをカッコに入れて上例のように示します。

◉ 注

1. 上記「1. よくある方法」と対応する引用注の項目

　注は，次の順番で，各項目をテンもしくはカンマ（，,）で区切って並べます（この配列規則も専門分野によって異なることが多いので事前に調査しましょう）。なお，この記載内容は，以下の「2. 理系に多い方法」「3. 文献表と対応させる方法」でもほぼ同一です。

　1）**著者名**：著者が複数の場合，"・"で並べて全員列挙するが，姓だけでもよい。インターネットからの引用の場合，コンテンツの著者（なければサイトのオーナー）。

　2）**タイトル**：本の場合『　』で囲み，雑誌論文の場合「　」で囲む。外国語文献の場合，本のタイトルは，イタリックで，雑誌論文の場合は，"　"で囲む。インターネットのウェブページの場合，ページのタイトル。

　3）**雑誌論文の場合**：「2）タイトル」に続けて

　　a）掲載雑誌名を『　』で囲む。外国語文献の場合，イタリックで。

　　b）雑誌号数。

※　マイクロソフト・ワードの場合，「参考資料」→「脚注の挿入」で入ります。

　　c）論文が収録されているページ数（54–78 ページ）。
　　　　インターネットのウェブページの場合，サイトのタイトルまたはオーナー。
　4）出版社名，あるいは雑誌を発行している学会名。インターネットの場合，URL。
　5）出版年。
　6）引用したページ数。複数にわたる場合は，66–68 ページとする。

2. 「2. 理系に多い方法」と対応する注

　レポート末に，本文に出現する順に従って，本文の番号と対応するように参考文献を示します。したがって，著者順などのような規則的な配列にはなりません。記載する内容は，上記 1. と同様ですが，「6）引用したページ数」は不要です。

3. 「3. 文献表と対応させる方法」の場合，次の「文献表」を使用します。

■ 文献表

　大きなレポートや論文などの場合，使用した資料を一覧できるように，文献表を作成し，レポート・論文の最後に置きます。
　文献表の呼び方にはいくつかありますが，慣例的には次の 3 種類があります。
　• **引用文献**：直接レポートや論文に引用をした文献のこと
　• **参考文献**：レポート・論文を執筆するにあたって，直接引用はしていなくても，影響を受けるなどした文献のこと
　• **引用・参考文献**：両方を一緒にした文献表のこと

　ただし，原則的には，直接引用していなくても参考にしたものは，レポート・論文中の関係するところで書名を挙げておくべきです。第 11 章レポート例の末尾および 128 ページが具体例です。

1. 配列：著者 50 音順ないし abc 順。日本人以外の著者が多い場合，abc で配列し，日本人著者もローマ字で記名したときの箇所に配列することが多い。

2. 項目：「注」の説明「1. 上記「1. よくある方法」と対応する引用注の項目」の 1）〜5）までと同一，6）のページ数は不要。

例：（1）は本の場合，（2）は雑誌の場合，（3）はインターネットの場合（すべて架空のものです）。

（1）××太郎『レポートや論文の書き方』○△出版，2021 年。
（2）××太郎・○○花子「旧型コンピュータの限界と新型コンピュータの未来」『○×○×雑誌』268 号，584–788 ページ，日本○△学会，2020 年。
（3）××太郎・××二郎「旧型コンピュータの限界と新型コンピュータの未来」『新型コンピュータ学会ウェブサイト』https://www.newcomp.nai/XXtaro.html

> ※　注のつけ方と文献表の書式は，専門分野によって流儀の違いがあり，必ずしも統一されてはいません。担当の教員に確認してください。また，学会誌によってスタイルが違っている場合がありますので，将来学会誌に投稿する場合には，必ず「投稿規定」を確認してください。

14-5 徹底的に書き直そう

■ レポート・論文は一発勝負ではない

　学生のみなさんに多いのは，締切ギリギリまでレポートを書いていて，ほとんど見直しもしないで提出してしまう……というパターンではないでしょうか（かく言う私も身に覚えがありますが）。しかし，レポート（特に論文）の作成方法としては，これは最悪に近い方法です。むしろ，最初の原稿（初稿）はできるだけ早く作成し，徹底的に書き直す（推敲する）ことに時間をかけましょう。

　一度書いたものを見直して書き直すなど何の意味があるのか，と思われるかもしれません。しかし，考えようによっては，こここそ，レポート・論文を書くうえで最も（少なくともきわめて）大事な段階ともいえます。初稿は，いわば下書きです。自分の頭の中にあるものを文という形で外に出したにすぎません（逆に考えれば，初稿はその程度でいいのです）。これを，推敲という作業を通して，「誰かに何かを伝える」という任務に耐えることができるようになるまでに，形を整えていくわけです。ここで大事なことは，伝える相手の立場に立つことです。

■ 他人の目で見る

　書いた直後は，自分の頭の中に，文としては書いていない考えや鮮明なイメージなどが渦巻いており，書いてある文の背後から，文字化されていない意味を，いわば放射しています。ところが，しばらく（数分ではなく，数日間くらい）置き，別のことをやってから再度見直してみます。そうすると不思議なことにその放射がなくなって，ところによっては自分で書いたものなのに，意味がよくわからないところが出てきます。当然，他の人が見てもわかりません。このように自分を他人の目に近づけて読み直し，他人の目で何度でも書き直します。

■ 他人に読んでもらう

　上の「他人の目」という表現は比喩でしたが，本当に「他人の目」で見てもらって評価してもらうことができれば理想的です。そのときには，他人の忠告は素直に聞くことが大切です。

■ 推敲のチェックポイント

　具体的な推敲は，右ページの項目にある点に留意して進めます。

■ 提出前に

　いよいよ提出です。その前に，右ページの項目に従って，最後のチェックをしておきましょう。

➡レポート課題 **3**

●チェックポイント

■ 書き直し段階でのチェックポイント

☐ 文体は統一されているか？

☐ 誤字脱字，ワープロの誤変換はないか？

☐ 一つの文で，一つのことだけを言っているか？

☐ 段落ごとに，一つの内容におさめているか？

☐ 事実と意見が，明確に書き分けられているか？

☐ 筋の通った議論になっているか？　論理の飛躍や思い込みはないか？

☐ 段落を入れ替えた方が，読者がついていきやすい推論の道程になるのではないか？

☐ 言葉の足りないところはないか？　逆に，無駄に繰り返しているところはないか？

☐ 具体的なデータや資料を出さずに断言していないか？

◆データ・図表などを掲出する場合

☐ 議論と関連するデータを，適切に示しているか？

☐ せっかく集めたデータだから……と，関連しないものまで出していないか？（別の機会に使おう）

☐ データ・図表自体の集計・計算ミスなどはないか？

☐ データ・図表の単位は統一してあるか？

◆引用をする場合

☐ 議論と関連する仕方で引用しているか？　余分なところまで引用していないか？

☐ 要約して引用している場合，元テキストの趣旨を損なわずに要約しているか？

☐ 引用文は，もとの文を正確に（漢字・ひらがなの別，送りがななど）引用しているか？

☐ 全体の構成は，序論・本論・結論の流れに則って，すっきりと納得できるようになっているか？

■提出前のチェックポイント

☐ 字数などの条件を満たしているか？

☐ 漢字とひらがなの使い分けは全体で統一されているか？

☐ 章・節の番号は連番になっているか？

☐ 注をつける位置はずれていないか？

☐ （ワープロなら）禁則処理はできているか？

☐ フォントは小見出し・本文などで統一され，文字サイズも統一されているか？

☐ （手書きなら）原稿用紙の使い方は正しいか？

☐ 名前と学籍番号は書いたか？

☐ 文献表は完備しているか？

●締切は守ろう！

あとがき

発展的な学びのために

　これでこのテキストは終わりです。あなたが大学で学習を進めるうえで重要だと思われる基礎的な事柄をひととおり学んでもらいました。しかし，これは第一歩です。そもそも「学び方」というのは，実際に何かを学んでみて初めて身についていくものです。あなたはこれから大学でさまざまなことを学んでいくでしょう。そのとき，このフレッシュマンセミナーで学んだことを折に触れて思い出してください。忘れていたら，このテキストをもう一度読み返してください。おそらく，今よりもそのときの方が，この科目で学んだことの意味をよく理解することができるでしょう。

　具体的に説明してみましょう。

　たとえば，これから先，ある物事について，教員の方は，あなたが「当然知っているだろう」という前提で話を進めているのに，あなたは「え？　なにそれ？　知らないぞ」ということが多くなってくるでしょう。

　このとき，あなたはそんなことはないと思いますが，なかには「習っていないから知らない。知らないことを言う方がわるいんだ」と言って終わりにしてしまう人がいます。高校まではそれですんでいたかもしれません。けれども，大学ではそうはいきません。習っていようがいまいが，「知らない」なら自ら学ぼう！という姿勢でなければ，大学での学びは成り立たないのです。

　では，どうするか？　まず，自分は，何を知っていて何を知らないか？　これをはっきりさせなくてはなりません。そのための方法が，第6章「講義とノート」でした。そして，何がわからないかはっきりしたら，それを第9章「調べる」を使って知るための素材を探し出し，第7章「本を読む」の方法で自ら学び，「知らない」を「知っている」に自分で変えるのです。

　ところで，古代ギリシャの哲学者ソクラテスは「無知の知」ということを言っています。別の言い方をすれば，「〈自分はある物事についてよく知らない〉ことを自覚している」ということです。この自覚があってはじめて，物事をより深く学び，より奥底まで追求する動機が生まれます。学びが主体的に，自発的になるためには，この自覚がまず必要です。この自覚を得るためには，書いてみるのが一番良い方法です。ひとは，本当に自分でわかったことしか，うまくは書けないものです。このとき大事なのは，「感想文」としてではなく「レポート」として書くこと，つまり他人を説得するつもりで書くことです。このためには，もちろん第Ⅲ部を参考にしてください。

　さて，このテキストの学習は「第一歩」だと言いました。このテキストで学んだことをさらに発展させて学ぶことのできる科目や機会があなたの大学には用意されているかもしれません。より深く学んでみたいと思った人は，自分で調べたり先生に尋ねたりして，自ら学習の機会を捉え，さらに学習を進めていってください。

　あなたの大学生活が実り豊かなものとなることを，編者一同，祈っております。

謝辞

　このテキストは，東京電機大学工学部・未来科学部で 2006 年度からスタートした「フレッシュマンセミナー」という科目のテキストとワークシートが出発点となっています。同科目の受講者のみなさんや講義担当の先生方から貴重な意見をいただきつつ，毎年テキストの改訂を行ってきました。このたび，世に問うことでさらに改善を進めたいという願いも込めて，本書を公刊することにしました。

　このテキストを執筆する過程で，大学初年次教育用に書かれたテキスト，学習スキル・レポート執筆法に関する解説書，その他さまざまな既存の著作を参考にさせていただきました。その主なものは，後掲の参考文献一覧で示したとおりです。フレッシュマンセミナーという私たちにとってのチャレンジングな科目の準備は，こうした著作の助けを借りなければ決して成し遂げることができなかったでしょう。参考にさせていただいた著作の著者の方々には，執筆者一同，心より感謝申し上げます。

　また，本書成立のきっかけを与えてくださり，また初版刊行時には出版助成金をご提供いただいた東京電機大学，多くのご意見をくださった同工学部・未来科学部・システムデザイン工学部の先生方，惜しむことのないご助力をいただいた同事務スタッフの皆様には，深く感謝いたしております。

　最後に，出版をお引き受けくださった東京電機大学出版局のサポート，特に，編集部の坂元真理さんの叱咤激励と繊細綿密な編集作業がなければ，本書はとても成り立ちませんでした。有り難うございました。

主要参考文献一覧

朝日新聞社編『朝日キーワード 2023』朝日新聞社，2022 年。

朝日新聞社編『朝日キーワード 2024』朝日新聞社，2023 年。

［朝日新聞社］『朝日現代用語　知恵蔵 2006』朝日新聞社，2006 年。

［朝日新聞社］『勉強のやり方がわかる。』朝日新聞社（AERA MOOK 98），2004 年。

朝日新聞社用語幹事編『'05–'06 年版　朝日新聞の用語の手引』朝日新聞社，2005 年。

アルコール健康医学協会「飲酒の基礎知識」https://www.arukenkyo.or.jp/health/base/index.html

アルコール健康医学協会「お酒と健康」http://www.arukenkyo.or.jp/

飯野弘之『新・技術者になるということ』4 訂版，雄松堂出版，2004 年。

池田晴彦『環境問題のウソ』筑摩書房（ちくまプリマー新書），2006 年。

いしかわまりこ・村井のり子・藤井康子『リーガル・リサーチ』日本評論社，2003 年。

内山真編『睡眠障害の対応と治療ガイドライン 第 2 版』じほう，2012 年。

大阪工業大学言語表現技術研究会編『言語表現技術ハンドブック』晃洋書房，2005 年。

学習技術研究会編著『知へのステップ』くろしお出版，2002 年。

環境省「温暖化とは」https://www.env.go.jp/earth/cop3/ondan/ondan.html

環境省『令和 5 年版 環境・循環型社会・生物多様性白書』2023 年，https://www.env.go.jp/policy/
hakusyo/r05/pdf.html

環境省「地球温暖化の現状」https://ondankataisaku.env.go.jp/coolchoice/ondanka/

木下是雄『理科系の作文技術』中央公論社（中公新書 624），1981 年。

倉島保美『論理が伝わる 世界標準の「書く技術」』講談社，2012 年。

健康・体力づくり事業財団『最新タバコ情報』https://www.health-net.or.jp/tobacco/kinnen/kinen01.
html

健康づくりのための身体活動基準・指針の改訂に関する検討会「健康づくりのための身体活動・運
動ガイド 2023」https://www.mhlw.go.jp/content/001194020.pdf

現代用語編集部編『現代用語の基礎知識 2008』自由国民社，2008 年。

厚生労働省『e- ヘルスネット』https://www.e-healthnet.mhlw.go.jp/

厚生労働省「身体活動・運動の推進」https://www.mhlw.go.jp/stf/seisakunitsuite/bunya/kenkou_
iryou/kenkou/undou/index.html

厚生労働省精神・神経疾患研究委託費「睡眠障害の診断・治療ガイドライン作成とその実証的研究
班 平成 13 年度研究報告書」2001 年。

河野哲也『レポート・論文の書き方入門』第 4 版，慶應義塾大学出版会，2018 年。

国立天文台『理科年表 2023』丸善，2022 年。

佐治守夫・飯長喜一郎編『ロジャーズ　クライエント中心療法』有斐閣（有斐閣新書），1983 年。

椎木一夫『エンジニアが 30 歳までに身につけておくべきこと』日本実業出版社，2005 年。

杉本泰治・高城重厚『大学講義技術者の倫理入門』第 3 版，丸善，2005 年。

隅谷三喜男『大学でなにを学ぶか』岩波書店（岩波ジュニア新書 38），1981 年。

セリエ，H.『現代社会とストレス』法政大学出版局，1988 年。

武田邦彦・丸山茂徳『「地球温暖化論」で日本人が殺される！』講談社，2008 年。

多湖輝『頭の体操 第 1 集』光文社，1966 年。

戸田山和久『論文の教室』日本放送出版協会（NHK ブックス 954），2002 年。

中尾政之『失敗百選―41 の原因から未来の失敗を予測する』森北出版，2005 年。

中野敬子『ストレス・マネジメント入門 第 2 版』金剛出版，2016 年。

中村昌允『事故から学ぶ技術者倫理』工業調査会，2005 年。

名古屋大学高等教育研究センター『名古屋大学新入生のためのスタディ・ティップス』https://www.cshe.nagoya-u.ac.jp/stips/

日経新聞「国境炭素税とは」https://www.nikkei.com/article/DGXZQOUC085QZ0Y3A600C2000000/

日本エネルギー経済研究所「国境炭素調整措置の最新動向の整理」https://www.meti.go.jp/shingikai/energy_environment/carbon_neutral_jitsugen/pdf/001_02_00.pdf

日本睡眠学会編『改訂版 臨床睡眠検査マニュアル』ライフ・サイエンス，2015 年。

日本肥満学会編『肥満症診断ガイドライン 2022』ライフサイエンス出版，2022 年。

日本貿易振興機構「EU の炭素国境調整メカニズム（CBAM）に備える」https://www.jetro.go.jp/biz/areareports/special/2023/0801/a48cfe7206a68970.html

農林水産省『食事バランスガイド早分かり』https://www.maff.go.jp/j/syokuiku/zissen_navi/balance

野矢茂樹『論理トレーニング』産業図書，1997 年。

野矢茂樹『論理トレーニング 101 題』産業図書，2001 年。

平木典子『アサーショントレーニング』日本精神技術研究所，1993 年。

平山雄「病態生理」7(9)：695，1988 年。

福島脩美『自己理解ワークブック』金子書房，2005 年。

福澤一吉『論理表現のレッスン』日本放送出版協会（生活人新書 132），2005 年。

藤田哲也『大学基礎講座』北大路書房，2002 年。

増田四郎『大学でいかに学ぶか』講談社（講談社現代新書 78），1966 年。

道田泰司・宮元博章ぶん，秋月りすまんが『クリティカル進化論』北大路書房，1999 年。

ラザルス，R.S.，フォルクマン，S.『ストレスの心理学』実務教育出版，1991 年。

若林敦『理工系の日本語作文トレーニング』朝倉書店，2000 年。

ASK「あなたのアルハラ度セルフチェック」https://www.ask.or.jp/article/530

ASK「急性アルコール中毒等による大学生の死亡事例（2001 ～）」https://www.ask.or.jp/article/10336

Bower, S.A. & Bower, G.H., *Asserting Yourself*, Addison-Wesly, 1976.

DeLongis, A., Coyne, J.C., Dakf, S.F., Folkman, S. & Lazarus, R.S., "Relationship of daily hassles, uplifts and major life event to health status", *Health Psychology*, Vol.1, 1982, pp.119-136.

Derogatis, L.R., Lipman, R.S., Rickels, K., Uhlenhuth, E.H. & Covi, L., "The Hopkins Symptom Checklist (HSCL): A self-report symptom inventory", *Behavioral Science*, Vol.19, 1974, pp.1-15.

Holmes, T.H. & Rahe, R.H., "The social readjustment rating scale", *Journal of psychosomatic Research*, Vol.11, 1967, pp.213-218.

Lewin, K., "1931 Environmental forces in child behavior and development", In C. Murchison (Ed.), *A handbook of child psychology*. Worcester, Mass. : Clark University Press, 1933.

Robert S. Feldman, *P. O. W. E. R. Learning: Strategies for Success in College and Life,* 2nd ed., Boston: McGraw-Hill, 2003.

Selye, H., *Stress Without Distress*, Lippincott Williams & Wilkins, 1974.

索　引

■執筆者一覧

加_か藤_{とう}知_{とも}己_き
　　　東京電機大学教授，専門はスポーツ健康科学［第3章］

北_{きた}島_{じま}歩_{あゆ}美_み
　　　日本女子大学教授，専門は臨床心理学［第4章〜第5章・コラム］

黒_{くろ}沢_{さわ}学_{まなぶ}
　　　東京電機大学教授，専門は認知心理学［第6章〜第9章・コラム］

鈴_{すず}木_き邦_{くに}夫_お
　　　東京電機大学特定教授，専門は歴史学［コラム］

田_た中_{なか}浩_{ひろ}朗_{あき}
　　　東京電機大学教授，専門は科学技術史［第1章〜第2章・コラム］

本_{ほん}郷_{ごう}均_{ひとし}
　　　東京電機大学教授，専門は哲学［第10章〜第14章・コラム］

頼_{より}松_{まつ}瑞_{たま}生_お
　　　東京電機大学教授，専門は法学［第9章］

フレッシュマンセミナーテキスト 第3版
大学新入生のための学び方ワークブック

2009 年 3 月 20 日　第 1 版 1 刷発行	ISBN 978-4-501-63510-7 C3000
2013 年 4 月 20 日　第 1 版 8 刷発行	
2014 年 4 月 10 日　第 2 版 1 刷発行	
2023 年 4 月 20 日　第 2 版10刷発行	
2024 年 3 月 20 日　第 3 版 1 刷発行	

編　者　初年次教育テキスト編集委員会
　　　　© The Editorial Committee for the Freshman Seminar Textbook 2009, 2014, 2024

発行所　学校法人 東京電機大学
　　　　東京電機大学出版局
　　　　　　〒 120-8551　東京都足立区千住旭町 5 番
　　　　　　Tel. 03-5284-5386（営業）03-5284-5385（編集）
　　　　　　Fax. 03-5284-5387　振替口座 00160-5-71715
　　　　　　https://www.tdupress.jp/

印刷：㈱ルナテック　　製本：渡辺製本㈱　　装丁：鎌田正志
落丁・乱丁本はお取り替えいたします。　　　　　　　　　Printed in Japan

練習・レポート課題の取り組み方

- 練習は，テキストの説明をよく理解してから取り組んでください。
- ➡ は，裏面にも練習があることを示しています。

練習1 「将来の自分の姿」を思い描き，そのような自分になるために必要な「大学時代の過ごし方」について考えてください。そして，考えたことを下記の要領で文章にまとめてください。

- 分量は 600 字程度で，横書き（裏面の原稿用紙は 660 字です）。
- 「将来の自分の姿」については，卒業時，卒業から 5 年後，卒業から 10 年後，などと将来の具体的な時点を定めて思い描いてみる。
- 「大学時代の過ごし方」については，大学の授業で学びたいことを中心に，授業以外での自主的な活動も含めて，将来の自分に必要だと思われることを考えてみる。
- 文章は，他人に読んでもらうことを意識して，自分の考えをできるだけ明確に，わかりやすく書くよう努力する。
- 文体は「である調」とする。
- 誤字・脱字に気をつけ，これまでの国語の授業で学んできた文章執筆上の約束事についても注意し，正しい書き言葉で書くようにする。話し言葉，若者言葉を使って文章を書くことは避ける。

200

400

600

練習2　次の文のうち事実のみを述べているものに○を，それ以外のものに×をつけてください。

(1) 　☐　大学生はみな勉強すべきである。

(2) 　☐　大学生はみな学生である。

(3) 　☐　気象庁は富士山頂にある。

(4) 　☐　5月5日はこどもの日である。

(5) 　☐　日本の政治は悪い方に向かっている。

(6) 　☐　日本の中学生は学校で英語を学んでいる。

(7) 　☐　早くこの講義が終わればいいのにと思う。

(8) 　☐　遅くまで講義がある日は大変だ。

(9) 　☐　石油資源はまもなく枯渇する。

(10) 　☐　冥王星は惑星である。

(11) 　☐　水は0℃で凍る。

(12) 　☐　現代日本ではすべての国民がスマートフォンを持っている。

(13) 　☐　1945年8月15日は日本では太平洋戦争が終わった日と考えられている。

(14) 　☐　現在の日本は少子化の傾向にある。

(15) 　☐　現在，日本の少子化が急激に進んでいる。

(16) 　☐　パブロフのイヌということばは条件反射の代名詞として使われている。

(17) 　☐　はじめて水銀を使って真空状態をつくったのはガリレオである。

(18) 　☐　年寄りは国の宝だ。

(19) 　☐　環境問題は現在人間にとって最大の問題だ。

(20) 　☐　日本に定住している外国人に日本での選挙権はない。

(21) 　☐　機械というものはよくこわれるものだ。

(22) 　☐　医者に行くとかえって体の調子が悪くなる。

(23) 　☐　山登りは疲れる。

(24) 　☐　テレビゲームは子どもにとって害になっている。

学籍番号＿＿＿＿＿＿＿＿＿＿＿＿＿＿＿　　氏名＿＿＿＿＿＿＿＿＿＿＿＿＿＿＿

練習3　次のうち，事実と同様に扱ってよいものに○を，そうでないものに×をつけてください。

(1)　□　　A ＝ B ならば A ＋ C ＝ B ＋ C

(2)　□　　血液型が B 型の人は変わり者である。

(3)　□　　$\sin^2\theta + \cos^2\theta = 1$

(4)　□　　気体の体積は，圧力に反比例し，絶対温度に比例する。

(5)　□　　ココアは体によい。

(6)　□　　半導体の集積率は2年ごとに2倍になる。

(7)　□　　質量に光速の2乗をかけたものはエネルギーに等しい。

(8)　□　　核戦争が起きれば人類は滅びる。

(9)　□　　すべての直角はみな等しい。

(10)　□　　電圧は電流と抵抗に比例する。

(11)　□　　$x^n + y^n = z^n$（$n \geqq 3, n$ は自然数）を満たす自然数 (x, y, z) は存在しない。

(12)　□　　$0 = ax^2 + bx + c$ は $b^2 - 4ac > 0$ のとき必ず2つの実数解を持つ。

(13)　□　　$\sin(\alpha + \beta) = \sin\alpha\cos\beta + \cos\alpha\sin\beta$

(14)　□　　$\overline{P \cap Q} = \overline{P} \cup \overline{Q}$

(15)　□　　生物の進化は，よく使う器官が発達し，使わない器官が退化することで生じる。

(16)　□　　ある惑星と太陽を結ぶ線が一定時間に描く図形の面積は常に一定である。

(17)　□　　公平なコインを繰り返し投げるとき，投げる回数を増やしていけば表が出る割合は1/2に近づく。

(18)　□　　個体発生は系統発生を繰り返す。

(19)　□　　市場経済では価格が下がれば需要は増える。

(20)　□　　力は質量と加速度の積である。

練習4　次の文章の中のテクニカルタームを指摘してください。

（1）　燃料電池とは，蓄電するバッテリーとは異なり，火力発電所のように燃料その他を供給することで継続的に電力を取り出すことができる電池の総称である。燃料電池にはさまざまなタイプがあるが，現在最も開発が進んでいるのは固体高分子型燃料電池という，高分子膜を用いるタイプである。また燃料としてもさまざまな物質が使われるが，現在有望視されているのは水素と酸素から水を作る過程で発生するエネルギーを取り出すものである。しばしば環境問題との関係で燃料電池が注目されるが，この方法では燃料から直接電気を取り出すため，途中で生じるエネルギーのロスが少ないからである。

（2）　インターネット上で，あるコンピュータを一意に定めるためには固有の識別番号が必要である。この番号をIPアドレスという。ここで，比較的狭い地域でコンピュータどうしを相互に接続したネットワークであるLAN（Local Area Network）を考える。あるLANの中で，ネットワークに接続するコンピュータが多くなると，それぞれのコンピュータに与えるIPアドレスが足りなくなる。そのようなとき，コンピュータにそのLANの中だけで通用する識別番号を与えることがある。これがプライベートIPである。それに対してLANの外でも通用するIPアドレスはグローバルIPともいわれる。

(3)　政治が腐敗して清廉な政治家が少なくなったり，文化が軽薄になってどぎつい表現ばかりが流行したりすると，しばしば「悪貨が良貨を駆逐する」といわれる。しかし，これはもともとそのような意味で使われていたのではない。現代の貨幣は，お札自体に価値があるわけではないという意味で信用貨幣と呼ばれる。しかし，近代以前においては，貨幣が金や銀などそれ自体価値を持ったもので作られていた時代があった。このような貨幣は秤量貨幣という。秤量貨幣の時代には，質の良い金と質の悪い金があって同じものが購入できるならば，みな質の悪い金を使って質の良い金は手元に残しておくようになる。つまり，流通するのは質の悪い貨幣ばかりになり，良い貨幣は流通しなくなるのである。これがこのことばの元々の意味であり，正しくはグレシャムの法則という。

(4)　建築物が外からの力や自らの重さに耐えてその形態を保つよう設計するのが建築構造と呼ばれている分野である。具体的な構法には，伝統的な木造家屋で使われている木造軸組構法，鉄筋を配したコンクリートを使って支える RC 構造，鉄や鋼を使う鉄骨造，およびこれらの組み合わせなどがある。このうち，RC 構造は圧縮には強いが引張りに弱いコンクリートと，引張りに強くねばり強い鉄筋を組み合わせることで，両者の短所を補い合っている。そのため，比較的自由に形態を作ることができるので，意匠・デザインを重視する建物にしばしば用いられる。

練習5　次の話について，（1）テクニカルタームに線を引き，（2）話全体のタイトルと段落ごとの小見出しをつけて，（3）段落間の関係を記号で表してください。

（a）タイトル：＿＿＿＿＿＿＿＿＿＿＿＿＿＿＿＿＿＿＿＿＿＿＿＿＿＿＿＿＿＿＿＿

小見出し：＿＿＿＿＿＿＿＿＿＿＿＿＿＿＿＿＿＿＿＿＿＿＿＿＿＿＿＿＿＿＿＿

① 人間が過去の経験を保持し，後の事態で何らかの仕方でそれを再現する過程あるいは機能を記憶という。

小見出し：＿＿＿＿＿＿＿＿＿＿＿＿＿＿＿＿＿＿＿＿＿＿＿＿＿＿＿＿＿＿＿＿

② おおまかに分ければ，記憶には，短期記憶と長期記憶がある。短期記憶とは大体数十秒程度保存される記憶で，およそ人間の意識の範囲にあたると考えてよい。長期記憶は永続的に続く記憶である。

小見出し：＿＿＿＿＿＿＿＿＿＿＿＿＿＿＿＿＿＿＿＿＿＿＿＿＿＿＿＿＿＿＿＿

③ また，宣言的記憶と手続き的記憶という分類もできる。宣言的記憶とは，「日本の首都は東京である」のように，言葉にすることができる記憶を指す。一方，手続き的記憶とは自転車の乗り方のように，言葉で表すことができない記憶を指す。

段落間の関係：

```



```

（b）タイトル：＿＿＿＿＿＿＿＿＿＿＿＿＿＿＿＿＿＿＿＿＿＿＿＿＿＿＿＿＿＿＿＿

小見出し：＿＿＿＿＿＿＿＿＿＿＿＿＿＿＿＿＿＿＿＿＿＿＿＿＿＿＿＿＿＿＿＿

① 無限に存在している偶数全体は，無限に存在している奇数全体と同じ個数だけある。これは誰でもなんとなくそのとおりだと思うだろう。しかし，実は偶数全体は，偶数全体と奇数全体を合わせた自然数全体と同じだけあることが証明されている。

小見出し：＿＿＿＿＿＿＿＿＿＿＿＿＿＿＿＿＿＿＿＿＿＿＿＿＿＿＿＿＿＿＿＿

② これはかなり直観に反する事態である。これを証明するためには，数を数えるとはどういうことか，その本質を理解しなければならない。1個，2個，…と数えるとは，1から順番に数字をつけていくこと，言い換えれば自然数と1対1対応をさせていくことである。つまり，偶数全体と自然数全体に1対1対応がつけば，両者は同じだけあることになる。

小見出し：＿＿＿＿＿＿＿＿＿＿＿＿＿＿＿＿＿＿＿＿＿＿＿＿＿＿＿＿＿＿＿＿

③ では両者に1対1対応はつくだろうか。しばしば使われるのはこのような逸話である。無限の部屋がある「無限ホテル」を考えてみる。その無限ホテルには1番から順番に部屋番号がついている。いま，無限ホテルは満室ですべての部屋に客が泊まっている。そこにまた無限の数の客が来た。普通ならばホテルの支配人は宿泊を断るところである。しかし，無限ホテルの支配人は，1番の部屋の客を2番に，2番の部屋の客を4番に……と移していく。すると，いままで泊まっていた自然数の数だけいる客はすべて偶数の部屋に移るこ

とができ，奇数の部屋には新しく来た客が全員泊まれることになる。ここから，偶数全体は奇数と偶数を合わせた自然数全体と 1 対 1 対応が取れることになるので，両者は同じだけあると結論できるのである。こう考えると，自然数の「数」という表現はあまりふさわしくなくなる。そこで，この自然数の数は自然数の濃度と呼ばれ，$\aleph_0$（アレフゼロ）と表記される。

段落間の関係：

（c）タイトル：_____

小見出し：_____

① 熱力学の第一法則はエネルギー保存則とも呼ばれる。それは，ある系のエネルギー変化は，その系と外部との間のエネルギー収支が釣り合っていることを主張する。

小見出し：_____

② この法則から，永久に動き続け，外に対して仕事をし続ける装置はあり得ないことになる。このような装置は第 1 種永久機関と呼ばれる。水車がずっと動き続けるのは，外から水の運動エネルギーを得ているからなのだ。

小見出し：_____

③ 一方，エネルギーが保存されるということだけであれば，別なタイプの永久機関，つまり，系の外に対して仕事をせずに系のエネルギーを再利用することで永遠に動き続ける装置が作れる可能性が残る。このような永久機関は第 2 種永久機関という。

小見出し：_____

④ しかし，実際にはそのような機関も作ることはできない。それについて述べているのが熱力学の第二法則である。熱力学第二法則はクラウジウスによれば熱は低温の物体から高温の物体に移動することはない，と表現される。言い換えれば，エネルギーが別なエネルギーに変換されるときには必ず熱が発生し，その熱は再びもとの利用可能なエネルギーになることはない，ということである。

小見出し：_____

⑤ このことはまた，同じエネルギーであっても利用可能である程度には高低の違いがあり，どんなエネルギーも最後は熱エネルギーという最も利用可能性が低いエネルギーに変換されるということである。熱エネルギーは分子のランダムな運動によるエネルギーであり，乱雑であるので利用しにくいのである。このような乱雑さをエントロピーという。熱力学第二法則はエントロピー増大の法則なのである。

段落間の関係：

練習 6　次の文を事実と意見に分け，事実には○を，意見には×をつけてください。

(1) ☐ 　猫はほ乳類だ。

(2) ☐ 　「猫はほ乳類だ」と彼は言った。

(3) ☐ 　「猫はほ乳類だ」と彼は言ったようだ。

(4) ☐ 　「『猫はほ乳類だ』と彼は言ったようだ」という文は変だ。

(5) ☐ 　「『猫はほ乳類だ』と彼は言ったようだ」という文は変だ，という文は長い。

(6) ☐ 　「『猫はほ乳類だ』と彼は言ったようだ」という文は変だ，という文は長い，という例文が教科書に載っていた。

(7) ☐ 　インターネットの普及は人類に恩恵をもたらした。

(8) ☐ 　著作権法は文化の発展に寄与することを目的としている。

(9) ☐ 　原子力発電は段階的に縮小した方がいい。

(10) ☐ 　微分方程式を解くことは難しい。

(11) ☐ 　木星は地球に比べてずっとずっと大きい。

(12) ☐ 　日本が冬のとき，夏に比べて地球と太陽との距離は近くなる。

(13) ☐ 　古代ギリシアの医者ヒポクラテスは人間にある血液・粘液・黒胆汁・黄胆汁の体液のバランスが崩れると病気になると考えた。

(14) ☐ 　ニュートンは最初の近代科学者というよりは最後の錬金術師というほうがふさわしい。

(15) ☐ 　エポキシ樹脂は金属との接着にすぐれ耐熱性に富んでいるので，機器巻線のコンパウンドに用いられる。

(16) ☐ 　水素は空気の約 14 倍の比熱を持つことから冷却媒体としたときの冷却効果が大きいが，空気に混じると爆発する危険がある。

(17) ☐ 　プログラムを速く動かすためには処理されるステップの数を減らす必要があるので，do-while で 100 回ループを回すよりは 100 行の処理を書いてしまうほうがいい。

(18) ☐ 　電子商取引が増えてくると，税の徴収にとってはやっかいな課題が増える。電子商取引の場合，記録が電子的にしか残らないので，取引データを改竄することが容易だからだ。

(19) ☐ 　すべての人間は，生まれながらに自由であり，かつ，尊厳と権利とについて平等であると世界人権宣言は定めている。

(20) ☐ 　言語の起源をめぐる議論は，誰も見たものがないだけに決定的な証拠が得られないという理由で，フランスの言語学会はかつてそれについて議論することを禁じたらしい。

練習7　次の文は意見を述べています。それが意見だとどこでわかるのか，その手がかりに下線を引いてください。

(1)　猫はほ乳類だと思う。

(2)　警視庁はたしか桜田門の前にあったよなぁ。

(3)　日本ってやっぱり素晴らしい。

(4)　実を言えば，私は彼が好きではないんだ。

(5)　この文はかわっている，すなわち「色のない緑が猛烈に眠る。」

(6)　今後，我々は化石燃料から容易に再生可能なエネルギーへと軸足を移していかざるを得ない。

(7)　現代の大学生はあまり勉強をしないという。しかし昔だって勉強ばかりしていたわけではなかろう。

(8)　思うに，フェルマーは本当にフェルマーの定理の証明を思いついたのではなく，単に $n = 4$ のときの証明が一般化できると考えたのだ。

(9)　以上をまとめると，黒いことはカラスであることの必要条件ではあるが，十分条件ではないことがわかる。

練習8　次の文章で，少しでも書き手の「意見」が入っていると思われるところに下線を引いてください。

東西航空機また逆噴射できず　安全ピン外し忘れ

　7日の南国発北国行き東西航空 7676 便 XL88（乗客乗員 224 人）が，南国空港で右エンジンを整備した際，逆噴射装置の誤作動を防ぐための安全ピンを整備士が外し忘れ，そのため逆噴射できない状態にありながら北国空港に着陸していたことが 8 日，わかった。

　東西航空整備マニュアルでは安全ピンの使用が禁止されていたが，この整備士は安全ピンを差していた。

　報告を受けた国土交通省は 8 日，東西航空に対し書面で厳重注意した。東西航空は昨年 8 月にも，同じミスでソーイング 997 型機が逆噴射できないまま東部空港に着陸したことがある。ミスを繰り返す整備体制が今後問題となりそうだ。

〇△新聞 - 20XX 年 8 月 8 日

練習9　次の文に関連して深く調べることができるような疑問を三つ以上出してみましょう。

(1)　水は 0℃ で凍る。

＿＿＿

＿＿＿

(2)　スペースシャトルチャレンジャー号は，1986 年の打ち上げの際に爆発炎上し乗組員全員が
　　死亡した。

＿＿＿

＿＿＿

(3)　ベルリンの壁は 1989 年に崩壊し，東西ドイツは再統合された。

＿＿＿

＿＿＿

(4)　現代の大学生ならば環境問題についてある程度知っておく必要がある。

＿＿＿

＿＿＿

＿＿＿

(5)　日本はいま，国の借金が毎年増えつつある。

＿＿＿

＿＿＿

＿＿＿

(6)　日本では 2011 年にはテレビの地上波アナログ放送が停止された。

＿＿＿

＿＿＿

(7)　遺伝子組み換え作物に対する許容度はアメリカ・日本・EU でかなり異なっている。

＿＿＿

＿＿＿

(8)　アメリカ合衆国は地球温暖化の防止を目指した京都議定書から離脱した。

＿＿＿

＿＿＿

＿＿＿

練習10　次の通説に対して三つ以上の課題点を挙げてみましょう。

(1) 物価が下がることはわれわれ一般庶民にとってはいいことだ。

_____

_____

_____

(2) 環境を守るためには，どんなものでもリサイクルすべきだ。

_____

_____

_____

(3) 女性はもっとダイエットして美しくなるべきだ。

_____

_____

_____

(4) 受験戦争によってストレスを感じた子どもがいじめに走っているので学校ではいじめが絶えない。

_____

_____

_____

練習11　次の八つの文を，文書の性質に従って，私的なものから公的なものへと配列して
ください。

(1)「明日，ディズニーランドへ行こう」という友達へのメール。

(2) 大学のゼミで教員に出す，近所の商店街でのアンケート調査結果をまとめたレポート。

(3) 大学に提出した卒業論文。

(4) 寝る前に思いついてノートに書き留めたレポートのテーマ。

(5) 学園祭実行委員長のあなたが，学園祭について報道陣に対して出す広報文書。

(6) 大学のゼミで行った近所の商店街でのアンケート調査に対する各商店への協力御礼の手紙。

(7) 就職活動の際に，企業に提出した「自分の将来の夢」についての文章。

(8) 記念に両親にあげた卒業論文。

　　　　私的＿＿＿→＿＿＿→＿＿＿→＿＿＿→＿＿＿→＿＿＿→＿＿＿→＿＿＿→公的

練習 12　次の提案をして相手を説得するメールを，テキストの例にならって作成してください。

（1）提案：夏休みの旅行予定を，相手が希望しているハワイから済州島に変更する。
　　　前提となる状況：ハワイまでの航空運賃の大幅値上げ。

（2）提案：見に行く映画の予定を，相手が希望している文芸大作からアクションに変更する。
　　　前提となる状況：文芸大作の映画評が良くない。

練習13　(1)パラグラフ・ライティングの考え方にしたがって，(a)〜(c)の文を並べ替え，下線部の上に記号を書いてください。(2) 2番目と3番目にあたる文章の冒頭に入れるのに適切な接続詞を，空欄に入れてください。

(a) 消費者は，自社製品に欠陥があった場合，すみやかに情報を公開し対応する企業をこそ信頼する。そのため，結果的には，積極的な対応の方が，企業のイメージアップにつながる。

(b) A社は，自社の製品に欠陥があり，死亡事故まで起こしていたにもかかわらず，長年に渡って隠蔽していた。また，欠陥が判明してからも多くのリコールを発表しなかった。このため，隠蔽が発覚したあと，A社の売り上げは，前年比50%減となったのである。

(c) 企業は，自社製品の欠陥に対して敏感になり，欠陥を発見した場合には，それを隠蔽するよりもむしろ積極的に発表してリコール等で対応するべきである。

(1番目)＿＿＿＿＿＿　(2番目)☐☐☐☐☐＿＿＿＿＿＿　(3番目)☐☐☐☐☐＿＿＿＿＿＿

練習14　(1)次の(a)〜(e)の文をパラグラフ・ライティングの考え方にしたがって並べ替えて，一つの段落を構成してください。(2) ☐☐☐☐☐には，適切な接続詞を入れてください。ただし，冒頭部分にあたる箇所の ☐☐☐☐☐ は空白になります。

(a) ☐☐☐☐☐，ノートを取るときに考慮しなければいけない点は，受けた講義を自分で再構成し，授業を受けていない人に説明できるようなノートにするということである。こうすることで，講義の中で何がどうして重要かを把握し，重要事項がどのように結びつくのかという話の流れを自分なりに把握しようとする姿勢が生まれる。

(b) ☐☐☐☐☐，講義を聞いて，疑問に思ったことを記録しておかねばならない。疑問が浮かぶのは，授業に積極的に関わっている証拠である。また，その疑問は，自分自身のテーマを発見するための手がかりにもなる。

(c) ☐☐☐☐☐，講義の際にノートを取ることが重要なのは，単に授業を「受ける」のではなく，授業に積極的に関わる方向へと自分を変えることができるからである。そうなる理由には三つある。

(d) ☐☐☐☐☐，以上のことから，ノートを取り作成する作業は，講義に積極的に関わり，これまでの自分の知識を整理して新たな知識を得，さらには問題発見にまでいたる有意義な時間を与えてくれるのである。

(e) ☐☐☐☐☐，講義を受けながら，自分が講義の話の中で，わからないこと，知らないことが何かをはっきりさせ，記録することも重要である。このことによって，自分自身の知識や考えを常に確認し，修正したり強化しようという意欲が生じる。

並べ替え：＿＿＿＿→＿＿＿＿→＿＿＿＿→＿＿＿＿→＿＿＿＿

練習 15 次の文章は，冒頭に主張を書いた文を置いてありません。そこで，主張を書いた文を見つけ，それを冒頭に示す形にして，全文を再構成してください。必要に応じて，文章は書き換えてかまいません。

　ルメジャー（LeMessurier）は，1977 年にアメリカのシティコープビルを設計し完成させた。しかし，その後，現場での仕様変更などがあったため，再度構造計算を行ったところ，強度が不足していることが判明した。このとき，ルメジャーは，この事態を公表し，ビルの所有者などを説得して改修を行った。経済的損失などを課題にせず，技術者としての社会的責任を自覚したこの行動は，ルメジャーの社会的評価を高めることになった。このように，技術者にとって最も大切なことは，利益を上げることではなく，自分の持つ技術が社会に対して及ぼす影響力の大きさを自覚し，それに伴う自分の責任を果たすことなのである。

練習 16　次の A～P の空欄の中に，適切と思われる接続詞を入れて文をつないでください。

(1) 大学は自分で勉強する場所である。A[＿＿＿＿＿]，指示を待っているだけでは，あまり勉強にならない。

(2) 今日は，学食が使えない。B[＿＿＿＿＿]，調理用コンロが故障してしまったからだ。

(3) 数学にはたくさんの定理がある。C[＿＿＿＿＿]，ピタゴラスの定理やペアノの存在定理や不完全性定理などだ。

(4) 自動車は安全な方がよい。D[＿＿＿＿＿]，環境に配慮する方がさらによい。

(5) お金は，人生において大事である。E[＿＿＿＿＿]，お金がすべてである，と考えるのは問題ではないか。

(6) このコンピュータは，非常に高性能である。F[＿＿＿＿＿]，値段が高いのでそのつもりで。

(7) 環境に配慮して CO_2 発生量を従来より 50% 減らした発電装置を開発した。これは素晴らしい発明だ。G[＿＿＿＿＿]，まだ地球温暖化の問題は解決していない。

(8) ソニー，パナソニック，フィリップスなどはブルーレイディスクを開発していた。H[＿＿＿＿＿]，東芝，NEC，三洋電機の 3 社は，HD DVD を開発して対抗していたが，撤退してしまった。

(9) 先陣争いに勝ちたい一心で，ちゃんとした検証もしないで論文を発表し，一時的に有名になる学者もいる。I[＿＿＿＿＿]，学生が聞き取り調査の結果を自分の結論に合うように変造して，論文を書こうとしたくなることも，わからないではない。J[＿＿＿＿＿]，このようなことは絶対にしてはならない。

(10) 人の曲をコピーしたり絵を模写したりすることは独創とは言えない。K[＿＿＿＿＿]，ピカソのように，もとの絵から離れた新しい作品を生み出すことができれば，独創と言ってもよい。L[＿＿＿＿＿]，モーツァルトのように，もとの曲がわかっていても独自の世界を作り出すことも，独創と言ってよい。

(11) 理論だけを学んで経験のない人は，たいてい実行力がない。経験は豊富だが何も理論を知らない人は，新しい局面では動けなくなる。M[＿＿＿＿＿]，理論の習得と経験の蓄積とが共に備わることが理想的である。

(12) 日本の国土は狭いとよく言われる。N[＿＿＿＿＿]，東京の電車は朝夕には満員で狭いところに押し込まれているように感じる。O[＿＿＿＿＿]，統計的に見ると，日本が承認している 197 の国家（2023 年末現在）の中で，日本は 61 位なのである。P[＿＿＿＿＿]，ドイツ，イタリア，イギリスなどは日本より狭い。

練習17　次の接続詞の後に続く文章を考えて書きなさい。接続詞の機能が明確にわかる文章を考案すること。

(1) 日本語は非論理的だとよく言われる。しかし，＿＿＿＿＿＿＿＿＿＿＿＿＿＿

＿＿＿＿＿＿＿＿＿＿＿＿＿＿＿＿＿＿＿＿＿＿＿＿＿＿＿＿＿＿＿＿＿＿＿＿＿

(2) インターネットは，経済や情報の国境をなくした。さらに，＿＿＿＿＿＿＿

＿＿＿＿＿＿＿＿＿＿＿＿＿＿＿＿＿＿＿＿＿＿＿＿＿＿＿＿＿＿＿＿＿＿＿＿＿

(3) 彼は，お金をもうけすぎたことが悪かったのか？　それとも，＿＿＿＿＿＿

＿＿＿＿＿＿＿＿＿＿＿＿＿＿＿＿＿＿＿＿＿＿＿＿＿＿＿＿＿＿＿＿＿＿＿＿＿

(4) 最近の教育が暗記中心であることはたしかである。しかし，＿＿＿＿＿＿＿

＿＿＿＿＿＿＿＿＿＿＿＿＿＿＿＿＿＿＿＿＿＿＿＿＿＿＿＿＿＿＿＿＿＿＿＿＿

(5) 日本は自然資源がとぼしい。さらに，＿＿＿＿＿＿＿＿＿＿＿＿＿＿＿＿＿

＿＿＿＿＿＿＿＿＿＿＿＿＿＿＿＿＿＿＿＿＿＿＿＿＿＿＿＿＿＿＿＿＿＿＿＿＿

(6) 彼はおなかがすいているようだ。なぜなら，＿＿＿＿＿＿＿＿＿＿＿＿＿＿＿

＿＿＿＿＿＿＿＿＿＿＿＿＿＿＿＿＿＿＿＿＿＿＿＿＿＿＿＿＿＿＿＿＿＿＿＿＿

(7) これからの社会人には，アジアに関する知識も重要だ。したがって，＿＿＿

＿＿＿＿＿＿＿＿＿＿＿＿＿＿＿＿＿＿＿＿＿＿＿＿＿＿＿＿＿＿＿＿＿＿＿＿＿

(8) 社会に出てから色々な勉強をしようとしてもその時間はない。しかし，＿＿

＿＿＿＿＿＿＿＿＿＿＿＿＿＿＿＿＿＿＿＿＿＿＿＿＿＿＿＿＿＿＿＿＿＿＿＿＿

(9) 社会に出てから色々な勉強をしようとしてもその時間はない。したがって，＿＿

＿＿＿＿＿＿＿＿＿＿＿＿＿＿＿＿＿＿＿＿＿＿＿＿＿＿＿＿＿＿＿＿＿＿＿＿＿

(10) あなたは，自分のやりたいことを好きなようにやってもよい。ただし，＿＿

＿＿＿＿＿＿＿＿＿＿＿＿＿＿＿＿＿＿＿＿＿＿＿＿＿＿＿＿＿＿＿＿＿＿＿＿＿

練習18　次の文章は，架空の新聞記事の一部です。「いつ」「どこで」「誰（何）が」「どういう理由で（なぜ）」「何を」「どうした」に分析してください（文章に下線を引き，その部分がどの要素かを下に書いてください）。

(1)　カリフォルニア州ロサンゼルスの路上で8日午後，大型バイクのハーレーダビッドソンを運転していた××氏が，よそ見をしていたため，別の車両と衝突した。

(2)　南北県東亜相村の空き地で1日午後3時20分ごろ，駐車中の東西市福田区，無職の男性(73)のステーションワゴン車近くから出火，裏山に火が移り燃え広がった。亜相広域行政事務組合消火本部や唖部市，個和泉市などの消防防災ヘリなどが出動したが，火は出火場所の南約450メートル，其岳の北東約1キロ付近へ移っている。県警相出署の調べでは，男性が国道近くの空き地で，お茶を飲むために携帯コンロで湯を沸かしていたところ，駐車中のステーションワゴン車や枯れ草に火が燃え移った。

（○△新聞　20XX年3月2日の記事）

練習 19　あなたがこの一週間にしたことの中から，二つ選んで，「いつ」「どこで」「誰（何）が」「どういう理由で（なぜ）」「何を」「どうした」の要素をすべて使って，一つの文章を書いてください。

(1)

(2)

練習20　自分が最近経験した一つの出来事を選んでください。解答欄の「事実」の欄には，その出来事を事実として記述してください。「意見」の欄には，その出来事についてあなたがいだいた意見を書いてください。「心情」の欄には，あなたがそのときいだいた心情を書いてください。

事実：＿＿＿＿＿＿＿＿＿＿＿＿＿＿＿＿＿＿＿＿＿＿＿＿＿＿＿＿＿＿＿＿＿＿＿＿＿＿＿

＿＿

意見：＿＿＿＿＿＿＿＿＿＿＿＿＿＿＿＿＿＿＿＿＿＿＿＿＿＿＿＿＿＿＿＿＿＿＿＿＿＿＿

＿＿

心情：＿＿＿＿＿＿＿＿＿＿＿＿＿＿＿＿＿＿＿＿＿＿＿＿＿＿＿＿＿＿＿＿＿＿＿＿＿＿＿

＿＿

練習21　次の文中の下線の部分は，「事実」「意見」「心情」のどれを記述したものか，（　　）内に書いてください。

　アルコール・ハラスメント，いわゆるアルハラがなくならない。特に，まだ飲み方を知らない大学生たちのイッキ飲みによる死亡例が，2017年には2件，2018年に5件あった（　　　　）。幸い，死亡事故には至らなかったが危なかったケースはもっと多いはずだ（　　　　）。「イッキ飲み防止キャンペーン」で行ったアンケートによれば，アルハラを断れるかという質問には，26％の人が「断れない」，と答えている（　　　　）。この背景には，サークルの伝統だからという暗黙の圧力や，飲まなければハブられるといった理由もあるだろう（　　　　）。

　飲ませる側にしてみると，自分もやられたから，という理由があると思われる（　　　　）。しかし，自分がやられたから他人にもするというのは，ばかげている（　　　　）。大学生ならば，他人の痛みを感じることのできる大人の想像力を持つ必要がある（　　　　）。

練習22　次の文を，事実を示すものから意見や心情がより強く含まれているものへ並べてください。

(1)　①死者は数千人に上った。

　　②死者は数千人であった。

　　③数千もの命が散った。　　　　　　　　（事実　　⟷　　心情）

(2)　①お祭りには人がたくさんいた。

　　②お祭りは黒山の人だかりであった。

　　③お祭りは3万人の人出だった。　　　　（事実　　⟷　　心情）

練習23　意見や心情が含まれている次の文を，事実を示す文に書き換えてください（事実を示すデータが必要だと思われる場合には，適当に設定してかまいません）。

例：火事は瞬く間に山全体に広がり，火は一面を焼け野原にした。

　　→火事は，出火後15分で山全体に広がり，300 ha を全焼した。

(1)　彼は，年間365冊も本を読む。

　　→＿＿＿＿＿＿＿＿＿＿＿＿＿＿＿＿＿＿＿＿＿＿＿＿＿＿＿＿＿

(2)　彼は，年間10冊しか本を読まない。

　　→＿＿＿＿＿＿＿＿＿＿＿＿＿＿＿＿＿＿＿＿＿＿＿＿＿＿＿＿＿

(3)　このビルはとてつもなく高い。

　　→＿＿＿＿＿＿＿＿＿＿＿＿＿＿＿＿＿＿＿＿＿＿＿＿＿＿＿＿＿

(4)　電話はけたたましく鳴り，男はすぐに駆けつけた。

　　→＿＿＿＿＿＿＿＿＿＿＿＿＿＿＿＿＿＿＿＿＿＿＿＿＿＿＿＿＿

(5)　雨は土砂降りで，風もびゅうびゅう吹いている。

　　→＿＿＿＿＿＿＿＿＿＿＿＿＿＿＿＿＿＿＿＿＿＿＿＿＿＿＿＿＿

(6)　明日は今日よりもずっと暑くなるでしょう。

　　→＿＿＿＿＿＿＿＿＿＿＿＿＿＿＿＿＿＿＿＿＿＿＿＿＿＿＿＿＿

(7)　このコーヒー豆は，年間ほんの少ししか取れず，おまけに輸出量はほんのわずかだ。

　　→＿＿＿＿＿＿＿＿＿＿＿＿＿＿＿＿＿＿＿＿＿＿＿＿＿＿＿＿＿

練習 24　次の一つの文を，なるべく短い文に分けて，わかりやすくなるようにしてください。文を少々変更してもかまいません。

　大学ではさまざまなことを学ぶが，その学びの最も大事なポイントはどこにあるかというと，高校までのように，決まった手順で決まったとおりの答えを出すことに習熟することよりも，一つの課題をできるだけ多角的に検討できるようになること，つまり一つの課題をさまざまな観点から考察することができるようになることの方に重点が移り，そのことによって，今まで誰も気がつかなかったような課題の扱い方が発見できれば上出来であるのだから，その意味では，自分が持っていながら自分で気がついていない固定観念や思い込みから自由になることにこそ，大学の学びの重要な課題はあるとも言えるのである。

練習 25　次の（1）（2）の各文について，（a）（b）のそれぞれの意味にはっきりとなるように，書き換えてください。

（1）「僕と次郎の犬」

　　（a）僕と次郎と二人で飼っている犬→＿＿＿＿＿＿＿＿＿＿＿＿＿＿＿＿＿＿＿＿

　　（b）次郎だけが飼っている犬　　→＿＿＿＿＿＿＿＿＿＿＿＿＿＿＿＿＿＿＿＿

（2）「東京にいる一郎と一郎の猫」

　　（a）一郎と猫両方が東京にいる　→＿＿＿＿＿＿＿＿＿＿＿＿＿＿＿＿＿＿＿＿

　　（b）一郎だけ東京にいる　　　　→＿＿＿＿＿＿＿＿＿＿＿＿＿＿＿＿＿＿＿＿

練習 26　「僕は昨日激辛カレーライスを食べた太郎に会った」。この文で，昨日起こったことが，（1）僕が太郎に会った，（2）太郎が激辛カレーライスを食べた，の意味になるように，A〜Eの適切な場所に読点を打ってください（読点は複数可）。

（1）僕は ^A 昨日 ^B 激辛カレーライスを ^C 食べた ^D 太郎に ^E 会った。

（2）僕は ^A 昨日 ^B 激辛カレーライスを ^C 食べた ^D 太郎に ^E 会った。

練習 27　「僕は昨日激辛カレーライスを食べた太郎に会った」。この文の語順を変えて，（読点を打たずに）（1）僕が太郎に会った，（2）太郎が激辛カレーライスを食べた，の意味になるようにしてください。

（1）＿＿＿＿＿＿＿＿＿＿＿＿＿＿＿＿＿＿＿＿＿＿＿＿＿＿＿＿＿＿＿＿＿＿＿＿＿＿＿

（2）＿＿＿＿＿＿＿＿＿＿＿＿＿＿＿＿＿＿＿＿＿＿＿＿＿＿＿＿＿＿＿＿＿＿＿＿＿＿＿

練習28　次の推論の背景にあるものを推測し，例にならって，背景がわかるように書き換えてください。

例：窓の外を歩いている男性は半袖の服を着ている。したがって，外は暖かい。

　　→窓の外を歩いている男性は半袖の服を着ている。<u>普通，人は外出するとき，寒ければ長袖，暑ければ半袖の服を着るものだ。</u>したがって，外は暖かい。

(1)　ここは秋葉原だ。したがって，オタクばかりだ。

_____

_____

_____

_____

_____

_____

_____

(2)　あそこを歩いている人は髪が短い。したがって，男性だ。

_____

_____

_____

_____

_____

_____

_____

(3) クロネコが目の前を横切った。したがって，僕は今日は外出しない。

(4) 朝食はパンを食べた。したがって，お昼はラーメンにする。

(5) 朝食に納豆を食べた。したがって，今日はこっちの道を通って駅へ行く。

練習29　次の推論について，さまざまな角度から検討して，適切な推論かどうか考えて，問題点をなるべくたくさん指摘してください。

(1) 僕のおじいちゃんは，20歳の頃から毎日40本タバコを吸い，80歳の今も元気だ。したがって，タバコを吸うと長生きする。

_____
_____
_____
_____
_____
_____

(2) テレビ・ゲームをやりすぎると，攻撃的になる。

_____
_____
_____
_____
_____
_____
_____

(3) 最近，彼女（彼）が冷たい。ほかに好きな男（女）ができたに違いない。

_____
_____
_____
_____
_____
_____

(4) 私は，免許を取得して以来 10 年間，一度も自動車事故を起こしたことはありません。したがって，私の運転は絶対安全です。

---

(5) 天才アインシュタインでも，統一場理論を完成させることはできなかった。したがって，統一場理論は不可能である。

学籍番号＿＿＿＿＿＿＿＿＿＿＿＿＿＿　　氏名＿＿＿＿＿＿＿＿＿＿＿＿＿＿＿＿

練習30　次の文章の「です・ます」調を「である」調に統一してください。直すべきところに線を引いて消し，その下に書いてください。

(1) アインシュタインは，アメリカの核爆弾開発（マンハッタン計画）に，直接関わってはいませんでした。しかし，他の人が書いた当時のアメリカ大統領ルーズベルトに宛てた，原子力の軍事利用に関する書簡に，署名をしておりました。ドイツが核爆弾を開発する可能性があると考えていたからです。けれども，第二次世界大戦の後になりますと，アインシュタインは核兵器廃絶運動に協力しまして，1955年，核兵器廃絶や科学技術の平和利用を訴える「ラッセル＝アインシュタイン宣言」に署名しております。日本からも湯川秀樹が署名いたしました。この宣言は，イギリスの哲学者ラッセルが起草したもので，アインシュタインもその宣言に強く共感し，ほかにも署名をしてくださりそうな物理学者たちを紹介するなどして，協力したそうです。アインシュタインの平和への願いが強く感じられるエピソードといえましょう。

(2) ルネサンス時代には，「万能の人」がたくさんおりました。もちろん，代表的な人物は，レオナルド・ダ・ヴィンチです。彼は，『モナリザ』で有名ですから，画家であると思っている人もいるかもしれません。けれども，画家としては，完全主義者のためでしょうか，作品数は少なく17点だそうです。それに対して，一万ページを超える膨大なノートを残しております。彼のヘリコプターのアイディアや人体図など多岐に渡るノートは，今でも見る者の想像力を刺激してやみません。ところで，このレオナルドのライバルとして，ミケランジェロの名前が思い浮かぶ人も多いでしょう。ミケランジェロは，レオナルドよりも20歳ほど若いのですが，やはり多才な人でありました。絵画，彫刻，建築に多くの作品を残していることは，どなたでもご存じでしょう。なかでも，ローマのシスティナ礼拝堂の天井画や壁画は特に優れた作品として，鑑賞に訪れる人が世界各地から後を絶たないとのことです。

練習31　次の文章は，先輩が後輩に行った講演の記録です。ここに含まれている口語・俗語的表現を（必要ならば言い回しも）直して，レポートにふさわしい文に直してください。

(1) 社会に出てから必要な能力には，いろいろあるけどさ。あんまりみんな気がついていないのが，いろんな人と話ができるポケットを持ってるといいよ，ってことだね。「雑談」って言うと聞こえは悪いけども，実はとっても大事なことなんだぜ。てのは，「対人コミュニケーション」をするときに，一番大事なことだけ（仕事の話とか）話してればコミュニケーションできるかっていうと，そうじゃない。むしろ，ちょっとみると関係ないみたいな雑談をすることで，お互いへの信頼感が生まれるんだ。なので，いろんなことに興味を持って話題のポケットを増やしておくと，将来役に立つんだよね。

(2) 就職先を決めるとき，就職先の会社が有名だとか大企業だ，ってんで決めてる人なんか多くない？　でも，そんなことで決めて，会社に入ってみたら，自分が社会に出てからやりたいなと思ってたこととまるで違っちゃって，嫌になってやめちゃう人が多いんだよね。それから，あれは自分には向かない，これも向かない，って消去法で決めていく人もいるよね。これも駄目なんですね。これで決めると，入ってみても，やっぱりこれも自分には向いてない，って思ってしまいがちなんだ。向いてない方にばかり気がついちゃうのですね。じゃ，どうしたらいいんでしょうか。一番大事なことは，自分がやりたいことは何だろうって考えること。やりたいことを目標にしちゃえば，少々やりたくないことがくっついてきても，気にならなくなるんです。このやりたいことを，大学にいる間に見つけることが，大学生活の一つの目標って言ってもいいかも。

練習32　今あなたが読んでいる本を適当に開いて，そこからワープロで規則を守って書き写してみてください。

練習33　次の文章を，全文引用して，簡単な文章を書いてください。あなたの書く文章は，どんなものでもかまいませんし（感想でも可），ごく短くて結構です。必ず，（　）につけてある書誌情報を出典として，注をつけること。

(1)　裁判員制度においては，法律の専門家ではない一般市民が裁判に参加することになる。裁判に一般市民の感覚が生かされることが期待されている。

（出典：××太郎『裁判員制度と市民』○△出版，2018年，26ページ。）

（2）人生に意味はあるのだろうか。もしここで誰かが，「人生の意味は○○だ，あなたもそのように生きなさい」と言ったとしよう。おそらく，全員がその考えにしたがって生きることはないだろう。それは，この「人生」という言葉の意味が，実は「私の人生」のことだからではないだろうか。普遍的に見える問いでありながら，実は非常に個人的な問いになっている。そのため，自分に納得できる答えでないかぎり，従わないのである。

（出典：××太郎『人生の意味』○△出版，2019 年，27–28 ページ。）

レポート課題1

(1)「環境問題」について次に挙げたテーマのうちから一つ選んで，深く考えることができるような疑問を三つ以上出してください。

    1. 気候変動枠組条約   2. 酸性雨   3. 熱帯雨林   4. ゴミ問題（リサイクルも含む）
    5. エネルギー問題   6. 野生動物の保護

(2) 次の i) と ii) について書いてください。

i) （1）で出した疑問のそれぞれに答えるために必要な資料を探し出し，関係する情報を書き出してください。

ii) 参考にした資料を比較して，それぞれの資料形態の特徴に関してわかることをまとめてください。

——— 注意事項 ———

この注意事項に従って作成してください。

i) について

    書き方は，疑問の一つ一つに対して

    疑問：
    解答：
    使用した資料：

の形式にしてください。複数の資料を使用した場合には，資料ごとに分けて書いてください。

ii) について

    資料は，

    ①単行本
    ②新聞・雑誌（両方，あるいは一方）
    ③事典・辞典（両方，あるいは一方，なお，印刷体のものに限ります）
    ④ウェブ

の四種類すべてを必ず使用しなければなりません。

    ただし，個々の疑問すべてに対して四種類全部を使用する，ということではありません。このレポート全体として，この四種類が使用されていれば良しとします。

    「使用した資料」の項目に，あなたの使用した資料が何であるかを明記してください。

レポート課題２

　「レポート課題１」で調べた事柄をふまえて，自分のレポートを作成するために，10-5節および10-6節を参考にして，次の作業をしてください。

(1) 自分自身の問いを決定して絞り込んでください。
(2) 絞り込んだ問いに答えられるように，さらに分割して，いくつかの小さな問いにしてください。
　　→分割した問いに答える際に，「レポート課題１」で調べた範囲で不足の場合には，さらに調べて，資料を追加してください。
(3) 分割した問いのそれぞれに対する自分の意見を書いてください（「レポート課題３」で変わってしまってもかまいません）。
(4) 内容に最もふさわしいタイトルをつけてください（「レポート課題３」で多少変わってしまってもかまいません）。

レポート課題３

　「レポート課題１」と「レポート課題２」をふまえて，「環境問題」について，レポートを作成してください。

―――― 注意事項 ――――

①これまで練習してきたことすべてを総動員して，レポートの形式に則った形式で作成してください。
②必ず引用を行い，注をつけてください。
③レポート末に，文献表を作成してつけてください。